日本の城の謎〈伝説編〉

井上宗和

（この作品『日本の城の謎〈伝説編〉』は、平成二年五月、祥伝社黄金文庫から刊行されたものの新装版です）

はじめに

日本の城には、奇怪な伝承や不思議な伝説が数多く残されている。では、なぜ姫路城、江戸城、金沢城など、名城と謳われる城々に、必ずといってよいほど謎と伝説が秘められているのだろうか。

それは城の本質的な性格に由来している。

もともと城は、人が自分の家族や部族の平和と安全を願って、他の部族の襲来を防ぐために造られた。が、平和の象徴であった城造りが、やがて人の集団の膨張とともに強大な権力者を生むようになって、防御的なものから、戦いのための基地として攻撃的な性格を持つようになった。

すなわち、富と権力の獲得、伸長を計る根拠地として、その時代の文化の粋と最高の技術を投入して城が造られるようになったのである。

戦いの牙城として城が重視されると、当然、その築城の秘密も守られなければならない。そのために、城造りには築城者、技術者の辛苦がつきまとい、数々の謎と秘話が生まれた。

また、戦国の世においては、知謀知略を尽くしての城攻めが各地で行なわれ、夥しい数の人々が怨みを遺して死んでいった。その怨みは、城を中心にさまざまな伝承、伝説となって今に語り継がれてきたのである。

本書は、既刊の『日本の城の謎』築城編、攻防編に続いて、日本の城にまつわる奇怪な伝説を網羅した。これらの伝説は、日本人が歴史の中で育んできた〝もう一つの日本史〟と言っていいだろう。

楽しく読んでいただき、さらに得るものがあったと感じていただければ、著者として望外の幸せである。

平成二年四月

井上宗和

日本の城の謎　伝説編　目次

2 美しき女性たちの怨念——姫路城・一乗谷城・徳島城・松江城・福井城

3 暴君に虐殺された人々の呪い——原城・宇都宮城・松山城・岡山城

装丁　萩原弦一郎（256）
写真協力　日本城郭協会

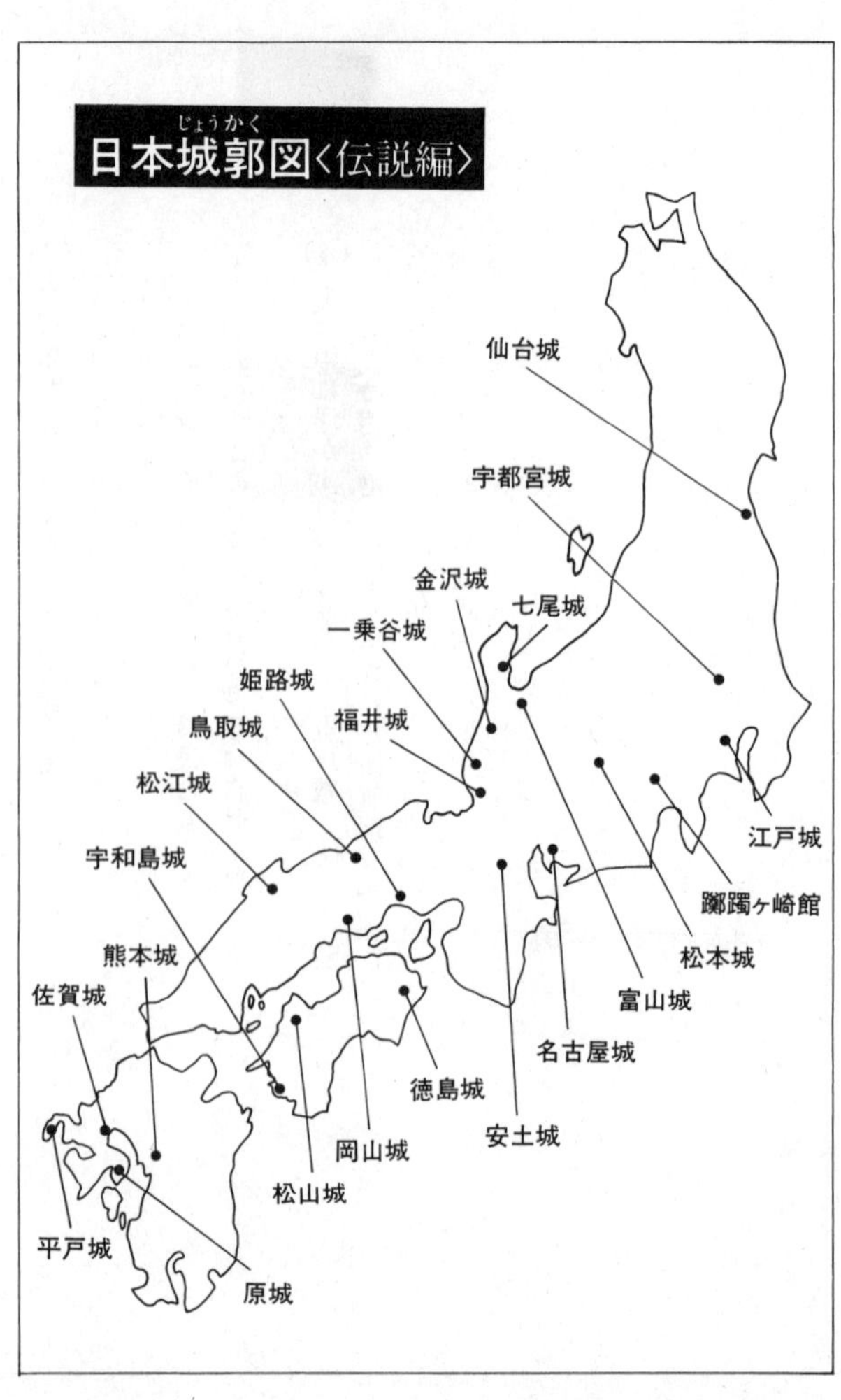
日本城郭(じょうかく)図〈伝説編〉
仙台城
宇都宮城
金沢城
七尾城
一乗谷城
姫路城
福井城
鳥取城
松江城
宇和島城
江戸城
躑躅ヶ崎館
松本城
熊本城
佐賀城
富山城
名古屋城
徳島城
安土城
岡山城
松山城
平戸城
原城

1

天下を狙った戦国武将の無念

——名古屋城・熊本城・七尾城・江戸城・躑躅ケ崎館・安土城

(1) 家康を呪い続けた〝金の鯱〟――名古屋城

〝金の鯱〟に隠された恐るべき秘密

金の鯱、それも比較的純度の高い金で造られた鯱を天守の屋上に載せたのは、正史では名古屋城だけである。

どうして名古屋城の天守だけに、金の鯱が飾られたのだろうか？

一つには徳川家康が天下人の威勢を示すため、わが子、第九子の義直のために天下の名城を築き、天守に金鯱を載せたともいう。また、その折りには諸大名に献金を命じたとも、伝えられている。あるいは、まだ大坂城に豊臣秀頼が健在なので、金鯱に密かに秀頼の調伏（呪い殺すこと）を込めて飾ったともいう。

しかし、この金の鯱が、のちに家康を脅かすことになろうとは何人も考えなかった。

名古屋城が、現在ある土地にはじめて築かれたのは大永年間の頃（一五二五頃）である。駿府（現在の静岡）に本拠を持つ駿河守護職今川氏親が築き、末子の氏豊を城主とした。

氏豊十三歳で、城は柳の丸、と呼ばれた。

享禄四年（一五三一）、尾張勝幡城にいた尾張守護代の織田信秀が、不意に柳の丸を襲い、今川氏豊を追うと自分の居城とした。

信秀は織田信長の父で、信長は天文三年（一五三四）、この城、柳の丸改め那古屋城で生まれている。のち信秀は天文十一年（一五四二）になって古渡城を築いて移ると、那古屋城は長子の信長を城主としたが、信長はやがて清洲に城を築いて移ったので、那古屋城は廃城となった。

慶長十二年（一六〇七）、徳川家康は第九子義直（はじめ義利、正規には第七子ともいう）を甲府二十五万石から尾張四十三万石、翌年加増、六十二万石とし清洲に入封（領土をもらい現地に赴くこと）させたが、清洲は六十二万石の城と城下町としては狭小だったので、那古屋の旧城跡を選び、ここに新しく城を築くことにした。

城は天下普請と称し、加藤清正、前田利光、毛利秀就、黒田長政、細川忠興、福島正則、浅野幸長、鍋島勝義、池田輝政、加藤嘉明、山内康豊、蜂須賀至鎮など二十数家の外様大名が助役を命ぜられた。

慶長十五年（一六一〇）にはじまった工事は慶長十九年、一応の完成をみたが、工事はなおも続いた。

大坂城、江戸城に次ぐほどの大工事だから、大事だったのである。

天守の屋上に金の鯱を上げるという発案は誰のものとも記録にはないが、金鯱には恐ろしい秘密が隠されていた。

狙われた大坂城の豊臣秀頼

もともと日本の城の建物、天守、櫓、城門、御殿などに鯱を載せるようになったのは戦国時代のはじまり、室町時代の頃からである。それまでの城の建物には鬼瓦か、寺院などの建物に見られる〝鴟尾〟という中国から渡来した想像上の生物で、南海に住む猛魚を象ったものなどを載せた。鴟尾は水を起こし、水を吹くといわれたので、はじめは防火の願いを込めて飾られた。

やがて、さらに姿が勇猛な鯱が、城の建物にふさわしいとされ使われたが、用いられた理由は三つある。

昭和三十四年に復元された名古屋城の〝金の鯱(しやち)〟

一つは、鯱も水に住み、水を吹く魚という伝説から、城の建物に火災が起こったとき、水を吹いて火を消す、あるいは火除けとしての願いである。日本の城の建物が木造だから火災に弱いこともあってである。

二つには、実際の生物の鯱をより勇猛な姿に想像し、変えることにより、城に災いをもたらす妖気を払う〝厄払い、守り〟の意味を持たせたことである。

三つには、鯱は勇猛さとともに威厳も兼ね備えているから、威光を示すためにふさわしい飾りとして用いられた。実際、天守の屋上に鯱がないと、なんとなく間が抜けてさまにならない。

鯱の材料としては石彫、瓦製、青銅などの金属が使われた。

名古屋城の金鯱は二つ一対であり、北が雄、南が雌であった。大きさは雄が八・五尺（二・六二メートル）、雌が八・三尺（二・五八メートル）だから雄がわずかに大きい。

構造は木型で原形を造り、寄木を張り、その上に鉛板と銅板を釘で打ちつけ、その上に金の延板を鱗型にして張った。

これに使用した金は良質の慶長大判千九百四十枚、小判の一万七千九百七十五両分であった。いまの金額にすると莫大なものである。

名古屋城は完成するとその威容が四周からのぞまれ、とくに金の鯱の輝きは数里四方に及んだという。

ところが、この雌雄一対の金鯱の中に、豊臣秀頼を調伏する呪文が封じ込まれていたのである。これに従ったのは天海大僧正配下にあった密教の修験者・山伏であった。

山伏・真連は命ぜられると七人の山伏とともに四十九日の間、美濃の山中で調伏の行に入り、その結果の呪文を、お庭番に渡した。その呪文は天守に載せられた鯱の中に封ぜられた。

なぜ家康がそのようなことを行なったかは、まったく老醜のなせる業といえよう。家康は、徳川家の安泰をはかるためには、大坂の豊臣氏の存在は危険なものであると思っていた。秀頼がいる限り、豊臣恩顧の大名たちを結集して、いつ徳川に刃向かうかわからない。自分の生前に必ず秀頼を滅ぼさねばならない。いずれは戦いに訴えても滅亡させねばならないが、調伏も効果があれば一つの手段であると考えてのことだ。

妖気を払った太閤の〝金の茶室〟

名古屋城大天守に一対の金鯱が上がった日から、大坂城の秀頼は原因のわからぬ病にかかった。城内の名医の見立てでも病名さえもわからなかった。淀君は信頼していた紀州の修験道の一人を呼び寄せ、祈禱させた。その結果、東の方向に並み並みならぬ力と妖気を持ったものがあり、それが秀頼に災いしていることがわかった。やがてそれが名古屋城大天守の金鯱の中にあることもわかったのだが、名古屋城は警備が厳しい上に、潜入したとしても大天守はさらに厳重な守りで、高層の上には容易には登れない。

金鯱の中の呪文が奪えないとなると、秀頼を守る手段を講じなければならない。では、それは何か。

その修験者は、太閤秀吉が造った持ち運び可能な金の茶室を、大坂城天守最上層に上げ、その中に秀頼を寝かせるよう進言した。

太閤の金の茶室は、名古屋城の金鯱よりも金の使用量が多く、さらに大坂城天守は名古屋城天守よりも高い所にある。

修験者は金の茶室の東に調段を造り、妖気退散の調伏を行なった。

四、五日もすると秀頼は快方に向かった。

名城と謳(うた)われる名古屋城

すると、名古屋城では不思議なことが起こった。風もなく、雷も落ちていないのに、金鯱一対の両眼から激しく火が吹き上がり、四つの目玉が取れて落下したのである。

その不吉な知らせを聞いた家康は、大坂城攻めを決意した。「この手で秀頼に止めを刺さなければ……」

慶長十九年十一月、名古屋城が完成して間もなく、徳川家康は自ら二十万の大軍を率いて大坂城を攻めた。〝大坂冬の陣〟である。家康は大坂城が容易に落ちるとは思っていない。まず石火矢、大砲などの派手な攻撃をしたのち、和睦に持ち込んだ。そして大坂城の外堀、内堀まで埋めてしまった。

翌年の慶長二十年（一六一五）五月、大坂城攻めを再開した。〝大坂夏の陣〟である。裸城になった大坂城はすでに城の役目を果たさず、秀頼、淀君らは自刃し、大坂城とともに豊臣氏は滅亡した。

逆に呪いをかけられた家康

その年の冬、一団の修験者たちが密かに名古屋城に忍び入った。

名古屋城は豊臣氏が滅びてのち、警備はゆるめられていた。天守には夜になれば人気はない。

修験者の一人が天守最上層の窓から、巧みに屋上に上がった。手にした調伏の呪文を金鯱の中に封じ込める。

修験者たちは密かに名古屋城に入り出たため、城内の者誰一人として気づかなかった。

翌年の元和二年四月、徳川家康は、駿府城内で急死した。

大名が献上した鯛を、好物の天ぷらにして食したところ、急に腹痛を起こし、激しく苦しみ、七転八倒したのち息が絶えた。

家康は死ぬ前、何を見たのか。

「鯱が火を吹いた。金の鯱が、鯛が鯱になった」とうわ言を言ったという。

名古屋城の金鯱は享保十一年（一七二六）、すなわち初めて天守に上げられてから、百年余りのち、名古屋藩の役人によって天守から下ろされた。純度の高い金の鱗を鋳直して、純度の低い金を使い、その差額を藩の財政に入れるためであった。

鱗を剝がしたので、ついでに内部も修理されたが、中から獣の皮がそれぞれ一枚ずつ二枚出てきた。何か文字が書かれていたようだが、風雨の侵入ですでに判読しようもなかった。

その皮は役人が手に取ると間もなく、ぼろくずのようにくずれ落ちたという。

名古屋城天守は昭和二十年、太平洋戦争の戦火で消失した。三百年余の長い歴史の中で、造り直されたり、盗難に遭ったり、博覧会に出展されたりした金鯱はまた元に戻されていたが、天守とともに焼失した。

現在の金鯱は昭和三十四年、天守閣が復元されたとき、七十三・五キログラムの純金を用いて新しく造られたものである。

(2) 銀杏(いちょう)の木に宿った清正(きよまさ)の怨霊――熊本城

〝西南の役(えき)〟で蘇(よみがえ)った清正の怨念

明治十年（一八七七）二月、西郷隆盛(さいごうたかもり)は一万五千の兵を率(ひき)い、鹿児島を出発した。

いわゆる〝西南(せいなん)の役(えき)〟である。

西郷軍は北上し、まず熊本(くまもと)城の占領を計った。

ところが、西郷軍が熊本に着く前の二月十九日、熊本城内から原因不明の火災が起こった。城内本丸の小天守付近からの出火だったが、折りからの風にあおられて、火はたちまち大小の天守とその他の建物を焼き、城下にまで飛び火した。

当時、熊本城跡には陸軍の熊本鎮台(ちんだい)が置かれ、司令官は谷干城(たにたてき)少将、鎮台の兵約二千六百の他、西郷蜂起の報に小倉(こくら)の連隊、近隣の警察官を加え三千五百名ほどが籠城していた。

天守の炎上については、密かに西郷軍に加担する城内の者の放火説とか、単なる失火説とか諸説があったが、その中でも加藤清正怨念説はまことしやかに語られ、信じられていた。

もともと熊本は古くは隈本と書き、白川にのぞむ丘陵は古くから豪族の居館などが建てられていた。

文明年間（一四六九〜一四八七）に、この地方の豪族菊池氏の一族、出田秀信という者が茶臼山丘陵に城を築き、千葉城と称したのが熊本城の前身といわれる。のち城主は鹿子木氏、城氏と代わり、豊臣秀吉の九州征伐の頃、城氏は薩摩の島津氏に属していた。

天正十五年（一五八七）、秀吉は隈本に佐々成政を封じたが、失政により成政は切腹し、代わって加藤清正を肥後半国の領主とし隈本城に入らせた。

隈本城主となった清正は、隈本を熊本と改め、自分の居城としての築城工事をはじめたが、文禄、慶長の両役で朝鮮に出兵し、工事は停止状態になっていた。朝鮮の役が終わると清正は城造りを再開したが、慶長五年（一六〇〇）関ケ原の戦いでは徳川方となり、肥後半国の領主で西軍に属した小西行長を宇土城に攻めた。

戦後、その戦功で徳川家康から肥後国全土を与えられた清正は、五十四万石の大守として熊本城の大改築にかかった。

清正は城地を坪井川と井芹川にはさまれた丘陵と山麓を含む大城郭の縄張り（城の設計図）を定め、工事にかかった。石塁、土塁、堀なども大土木工事によって実戦的な構造としたが、とくに後世、〝清正石垣〟と称せられる石垣の積み方は、清正が朝鮮の役で攻略した現地の石積みの秀れた技術を取り入れたといわれ、各所にその工夫の跡が残っている。

築城工事にまつわる伝説

この築城工事については数々の伝説も残っている。

その一つに、横手の五郎礫殺の話がある。

築城工事の石積みの現場を見廻っていた清正は、人夫の中にひときわ大男で力の強そうな者を見た。何かいわくあり気であり、その素姓を調べさせると、その大男は横手の五郎といい、木山弾正の一子であることがわかった。

木山弾正というのは天正十六年、清正と小西行長が肥後の国を二分して秀吉から与えられたとき、地侍との紛争があり、天草の地で清正、行長ともに力を合わせ平定のために戦ったが、そのとき清正が一騎討ちの末、討ちとった猛将であった。

横手の五郎にとって清正は、父の仇である。戦国の世とは言いながら、そのような怨みはどのような形で現われるかわからない。清正は側近の者に命じ、身辺を固めさせた。やがて五郎が、機会あれば清正の命を狙い、しかも城の縄張りをも模写していることがわかった。これは生かしておくわけにはいかない。

清正配下の石奉行が、五郎を井戸の工事に従わせ、井戸の底にいるとき上から大石を落とさせた。ところが五郎は下でその大石を手で受け止めると、縄を使って縛り、首にかけ、井戸の底から大石を運びながら登ってきた。それを聞いた清正は、

「大石で駄目なものなら、小石を注ぎかけ生き埋めにせよ」

と言った。

空井戸の中で仕事をしていた五郎は、上から大量の砂利石を落とされ、生き埋めにされてしまった。まさに礫殺、である。

二代目の“銀杏（いちょう）”と熊本城

だが、そののち熊本城の築城工事現場では、不可解なことに変事が相次いだ。工事中、人夫が突然死んだり、井戸に砂利石を落とした人夫が大石の下敷きになって死んだりしたので、人々は五郎礫殺の祟（たた）りだと恐れた。

この話を聞き及んだ清正は、五郎の出身である横手村に祠（ほこら）を建てさせて霊を祀（まつ）ったところ、変事は少なくなったという。

「戦乱は銀杏（いちょう）が天守に届くとき」

清正の熊本城の工事は慶長十二年（一六〇七）頃になって完成した。天下の名城といわれる熊本城であった。

城が完成すると清正は、大天守の横に一本の銀杏の木を植えた。

「この銀杏が天守の高さになるとき兵乱が起こるであろう」

と清正は側近につぶやいたという。

そして慶長十六年三月二十九日。

京都二条（にじょう）城で徳川家康と豊臣秀頼（ひでより）の会見が行なわれたとき、清正は池田輝政（てるまさ）、浅野幸長（あさのゆきなが）とともに秀頼警護の役についた。このとき清正は、家臣の中の腕利（き）きの者を数百名、二条城の周辺に忍ばせ、秀頼に万一のことあればと備えたという。

二条城の会見は何事もなく終わった。

この年の五月、帰途についた清正は船中で発病し、熊本には帰ったものの六月二十四日急死した。五十歳であった。

清正の死は、一説に家康の手の者による毒殺であるといわれる。清正ほどの豪将が、病とはいえ急死するのは確かにおかしいというのである。

死んだ清正の霊は、そのため怨霊となって彼が自ら植えた銀杏の木に宿ったという。

寛永九年（一六三二）、清正のあとを継いでいた加藤忠広は、凡俗な武将であったため、徳川幕府のため改易（領地を返還し、家禄屋敷を没収すること）され、出羽国庄内に配流となった。

忠広の改易が決まり、城受取りの使者が熊本城に入ったとき、それまで青空を見せていた天候がにわかにかき曇り、雷雨が降ると銀杏の木が鳴動した。人々は清正の霊が嘆き悲しんでいるのであろう、と噂した。

同年、熊本城には、北九州小倉の城主だった細川忠利が、肥後五十四万石領主となって入封した。十二月九日、忠利は熊本に着くと、鎧、冑に身を固め、銀杏の前に進み出ると、

「細川忠利、今日より熊本城を拝領いたす。なにとぞ御了承いただきたい」

と大音声で名乗り、銀杏に一礼した。

すると銀杏は風もないのに、ざわめきの葉音を立てたという。

その後、熊本城はさしたる変事もなく、明治維新を迎えた。

清正が植えた銀杏は、まさに大天守の鯱の高さにまで達していた。

西南の役のとき、熊本城に籠って西郷軍を迎え討った三千五百人の城兵の中には、さまざまな出身、出自の者がいた。

司令官の谷干城は土佐窪川（高知県四万十町）の出身である。谷の指揮下の第六大隊に、かつて徳川幕府に仕え、お庭番をつとめた甲賀の者たちの子孫が数名いた。その中の一人、服部八郎の先祖は、家康の信任を得た服部半蔵であった。

かつて清正が毒殺された、という風聞が流れたとき、加藤家では密かに加藤家内部の数人の者を処刑したという噂が流れた。

加藤家には、清正が死ぬ十年前から仕官していた服部半蔵配下の甲賀者がいたという。加藤家では、彼ら甲賀者が家康の意を受け、清正を毒殺したにちがいないと考えたのだろう。

〝清正(きよまさ)石垣〟と呼ばれる石垣

祟(たた)られた服部半蔵(はっとりはんぞう)の子孫

清正の霊は、銀杏に宿り、時世を見ながら、怨念を晴らす機会を待っていた。

時も時、清正が戦乱を予告した銀杏はその高さに達した。

折りも折り、自分を毒殺した者の子孫が熊本城内に来たのである。

服部八郎はじめその配下、数名が大天守の中にいた。

銀杏に宿った怨霊は霊の力で火を発し、まず小天守に火災を生じさせた。服部八郎たちは火災に気づき、大天守から逃れようとした。ところが入口の扉が固く閉ざされて開かないのである。窓を破って出ようとしたが、すでに火勢が強く手がつけられない。

まさに焦熱(しょうねつ)地獄である。

火に生身を焼かれながら窓から手を出すと、燃えさかった銀杏の枝が手を打ち折った。

そのとき服部八郎は苦しみの中で思い出した。自分の先祖の中に清正毒殺にかかわった者がある、という話を父から聞かされたことを。

熊本城大天守は紅蓮(ぐれん)の炎に包まれ、やがて大音響とともに崩れ落ちた。

消火に当たっていた兵の中に、天守の中で助けを呼ぶ悲鳴が聞こえたと言う者がいた。

しかし焼け落ちた天守の残骸の中から人骨を発見することはむずかしかった。

司令官、谷干城のところには、火災当日の報告書が出された。その中に、

「伍長(ごちょう)服部八郎以下四名の者、大天守火災消火中、焼死す」

とあった。

銀杏も大天守とともに焼けた。

現在、復興された熊本城の大天守のそばにある銀杏は、西南の役のしばらく後に植えられたものである。

(3) 上杉謙信の城攻めに一役買った黒鳥──七尾城

上杉謙信の上洛を阻んだ畠山氏

能登半島、七尾湾を見下ろす三百メートルほどの松尾山、この峻険な山を城としたのは畠山氏である。戦国の名城の一つと数えられた七尾城にも数奇な物語がある。

七尾城を造った畠山氏には、もともと二つの家系がある。

桓武天皇から出た桓武平氏・高望親王の子孫で、武蔵国畠山の荘の荘司となり畠山氏を名乗った。のち源頼朝に従った畠山重忠の名が知られている。

いま一つは清和天皇から出た清和源氏で、足利氏の流れである。畠山重忠が北条氏に滅ぼされると、その妻であった北条時政の娘が、足利義純に再嫁し、生まれた足利泰国が畠山の遺領を継ぎ、畠山氏を名乗った。

その子孫、畠山満則が能登の守護となったとき、居城として七尾松尾山に七尾城を築いた。

はじめの頃は山麓に居館を構え、山上を詰めの城としたが、松尾山には七つの峰があったところから、菊、松、竹、梅、亀、竜、虎の名をつけ、それぞれに郭を造った。

満則の築城は応永十三年（一四〇六）の頃だが、山麓の居館があるところを府中と称し、家来たちの屋敷もその中に在った。山上の郭は砦ほどのものだが、応仁の乱（一四六七）、畠山氏三代の義統の頃から、戦乱に備え山上の郭をさらに整え、一大山城とした。

天正四年（一五七六）、越後の上杉謙信が上洛するため、能登の畠山氏にも協力を依頼してきたが、家中の意見は二つに分かれた。

当主の義春がまだ四歳だったところから、重臣たちが政治を行なっていた。このとき尾張の織田信長と結び、謙信の上洛を阻止することに決まった。

それを知った謙信は二万の精兵を率い、能登に入ると属城を落とし、畠山氏本拠の七尾城を囲んだ。

畠山氏は山麓の居館を焼き払い、山上の七尾城に籠った。

謙信の軍は、その強さでは戦国第一といわれていたが、山が峻しく要害なので、大軍を動かすことができず、小競り合いが続いたが、冬となり、兵を引いて越後、春日山城に帰った。七尾城は小康を得た。

毒殺された城主・畠山義隆の無念

これより先の天正二年（一五七四）のことである。七尾城府中の館で奇妙な事件が起こっていたのである。

畠山氏の治政も百五十年も越え、家臣たちも下剋上の風潮があり、また戦乱の時代でもある。おのずから権力争いが起こり、六代目の畠山義統の時代には重臣の遊佐、温井両家が対立し、ことごとに争いが絶えない。

義統は家臣の争いに嫌気がさし、家督をその子義綱に譲ると出家してしまった。ところが義綱も酒色に溺れ政事を顧ないから、重臣たちの横暴はさらにつのる。その挙句、主君の義綱を七尾城から追い、若い義隆を七尾城主とした。

やがて義隆が英邁で武将としての器も備わっていることから、重臣たちの横暴を正しはじめたので、重臣たちは相談の上、義隆を毒殺することになった。

山上の砦の視察に事よせて、誘い出すと、松の郭で昼食をとるとき、酒をすす

能登(のと)半島、七尾(ななお)湾を見下ろす七尾城

め毒殺してしまった。義隆の側近の者数名もともに殺され、山上の井戸に投げ込まれた。

毒を飲まされたことを知った義隆は、

「奸臣どものはびこる七尾城、近く必ず滅びるであろう」

と血を吐きながら言った。

毒殺に直接関与したのは重臣の長続連だったが、彼は他の重臣と計り、義隆の子、わずか二歳の春王丸義春を七尾城主とした。

毒殺された義隆の無念は、七尾城松の郭の井戸に籠っていた……。

白米を使った奇計はなぜ見破られたか

天正四年の戦いでは、冬になり豪雪のため兵を引いた上杉謙信も、翌年になるとふたたび七尾城を攻めた。

畠山方はまた七尾城に籠って、天険を利して反撃の形をとったが、折りから夏で山上の砦・松の郭から疫病が発生した。

山城のことなので、井戸はあっても水は不足していた。松の郭の義隆たちを投げ込んだ井戸をさらって水を汲んだが、その水を飲んだ者から発病し、多くの者に伝染した。

五歳になった城主義春も疫病にかかって死んでしまった。ここで畠山氏の本流は絶えた。

その上、食糧も乏しくなってきた。

謙信は、山城なので大兵は動かせず、そこで、選んだ精兵をもって、七つの郭を一つ一つ落としていった。

松の郭が孤立して、謙信の兵に囲まれた。

水を断たれて、わずかに貯水に頼るだけとなった。

間もなく落ちるだろうと謙信は、松の丸を見下ろす峰から物見をした。

これを知った城内の者は、水不足を見破られないため、郭の中央に馬を出し、これに精米した白米をかけて、遠目には水と見せかけようとしたのである。

謙信は、水を使って馬を洗っているさまを見ると、この郭にはまだ水がある、どこかに秘密の水の手でもあるのかと、ここの囲みを解き、まず他の郭を攻めることに決めたが、なおも目を凝らして見ていると、馬を洗っている水に、おびただしい黒い鳥が群がっている。

それが水をつついているのである。

「さては水と見せかけたのは米か」

といっそう、激しく攻め立てた。

二、三日もすると松の郭は水が尽き、ついに白旗を立てた。降伏したのである。

一度は謙信の目をごまかせたのに、黒い鳥が米をついばんだため砦が落ちたのである。人々は不思議な黒い鳥だった、と噂し合ったが、やがて、あの黒鳥は毒殺された義隆の怨霊にちがいない、と言い出す者がいた。

疫病の因（もと）も義隆の怨霊である。

自分を毒殺した長続連は疫病にかかり苦しみながら死んだが、はからずも、義隆の子義春まで死んでしまった。

怒り狂った怨霊は、もはや、七尾城を落城させん、と白米に呪い、黒い鳥となって奇計を無駄に終わらせたのである。

やがて松の郭につづいて七つの郭がすべて落城してしまった。

ここで上杉謙信は「十三夜」という詩を残している。

霜（しも）は軍営に満ちて秘気清（すが）し

数奇な物語を生んだ畠山（はたけやま）氏の居城・七尾城

数行の過雁月三更
越山併せ得たり能州の景
さもあらばあれ　家郷遠征を念う

名詩だが、一説に謙信の作ではなく、後世余人の作ともいう。

謙信は降伏した兵の命は助けたが、長続連の一族だけは許さず、ことごとく斬らせた。

上杉謙信は潔癖な武将だった。主君の毒殺を企てた者を憎んだのである。

松の郭に社を建立した前田利家

白米を水に見せかけた話は、城攻めの伝説としては多い。成功した例もあれば、七尾城のように失敗した例もある。

しかし殺された者の怨念が、黒い鳥となって現われ、白米を食べたために失敗した話は珍しい。

七尾城落城ののちも、黒い鳥となった義隆の亡霊は松の郭にとどまった。そして戦の跡を狙い、金目の物を探す野盗たちが松の郭に入ると、群がってこれを襲った。中には目の玉をつつかれて、目が見えなくなり、命からがら山を下りた者もいて、しばらくは誰も七尾城に入らなくなった。

天正九年（一五八一）、前田利家が信長から能登をもらった。が、はじめ七尾城に入ったが山が高いため、海に近い小丸山に新しく城を築いた。

畠山氏の七尾落城の話を聞いた利家は、山上、松の郭に一社を建立して、義隆はじめ死者の霊を弔ったところ、山上に群れをなしていた黒い鳥は姿を消したという。

松の郭跡には、古井戸が一つ残っていたが、いまはすでに定かではない。

(4) 湯殿で暗殺された太田道灌の無念——江戸城

道灌を亡きものに——上杉家の謀略

文明十八年(一四八六)七月二十六日のことである。

江戸城城主、太田道灌はその主君の扇谷上杉定正に呼ばれて相模国糟屋(神奈川県伊勢原市)の館に行った。日ごろの道灌の功をねぎらうための招待ということであった。

江戸城から糟屋の館まで馬で来た道灌は、まず風呂にと湯殿に案内された。そこで湯を使っていたところ、定正の家来、曽我兵庫はじめ数人の手利きの者に斬りつけられた。

武器をまったく持たぬ道灌は、湯桶を持って刃を防いだが抗すべくもなく斬殺された。風呂場で暗殺するというのは、相手が武器を持たぬところからよく使われた手である。

　道灌は止(とど)めを刺される前に、

「昨日まで　まくもうそうを　いれおきし　へむなしふくろ　いま破りけむ」

と辞世の句を詠(よ)んだと言い、また、

「当方滅亡」

と言ったともいうが、これは、自分を暗殺するようでは扇谷上杉家も滅びるぞという意味である。

　しかしこれらは後世になってこじつけた話である。辞世にしても道灌ほどの歌人にしては、あまりにも格調が低い。

　だが、道灌が暗殺されたのは事実であるし、時に五十五歳の無念の死であった。当然その怨念は江戸城に残った。

　上杉定正が道灌を謀殺したのには、次のような理由がある。

　すなわち上杉家は扇谷と山内(やまのうち)に分かれ、両家は互いに争った。山内上杉顕定(あきさだ)は、扇谷上杉定正に太田道灌という名将が家来にいるために、大いに力を伸ばしたことを恐れ、道灌を亡き者にすれば扇谷上杉の勢力も落ちるだろうと思い、奸(かん)計(けい)を企(くわだ)てた。

あまり怜悧とはいえない扇谷上杉定正に、謀臣を通じて、道灌の讒言をさせた。はじめは定正も信じなかったが、道灌に謀反の疑いがあるとの噂も出て、ついに道灌を謀殺することになったのである。

これには太田道灌の人柄も原因している。

道灌は確かに名将、智将で、江戸城には文人墨客の出入りも多く、京風の派手好みであり、性格的にいささか不羈奔放なところがあった。

これが主君の定正には気に入らない。少々ないがしろにされている気もしていた。

のちに定正は道灌を謀殺したことを後悔したともいうが、道灌を失った扇谷上杉は徐々にその勢力が衰えていく。

父、道灌を殺された太田資康は、山内上杉顕定の奸計には気づかず、扇谷上杉定正を恨み、山内上杉顕定のところに走って江戸城を捨てた。

定正は江戸城に曽我祐重を置いて城代とした。道灌の怨念は江戸城内の櫓、静勝軒にとどまっていた。

静勝軒（せいしょうけん）跡に建てられた富士見櫓（ふじみやぐら）

江戸の地に城を築いた理由

江戸城はもともと江戸氏の築いた館があったところである。桓武平氏の流れを汲む秩父氏の一族が、南下して入江の近くの丘に住みつき、江の入口の意味をもって江戸氏の姓を名乗った。江戸の四郎重継のとき、この地方に勢力を伸ばした。しかし二代目、太郎重長のとき、伊豆に在った源氏の源頼朝が兵を挙げた。重長は平氏の流れだから平氏に味方し頼朝の軍と戦ったが、やがて頼朝の軍に攻められ、江戸館を守り切れず、北の木田見の台地に退き、のちには頼朝に従った。

江戸館はそののち荒れて、無人になった。太田資長、のちの道灌が江戸の地に城を築くのには、当時の関東の複雑な事情があった。

鎌倉にいた関東公方、足利持氏は大きな野心を持ち、京都にいる本家の足利将軍の地位を望み、争乱を起こした。関東公方補佐役の、関東管領上杉憲実は、主人の持氏の非を諫めたため、持氏はこれを憎み、討とうとした。

そこで上杉憲実は、京の将軍足利義教に援けを求め、軍を得ると鎌倉の足利持氏を攻め、これを滅した。

持氏の子、成氏が関東公方の職に就くと、父を討った上杉憲実を憎み、その子の憲忠を謀殺した。そこで関東は足利公方と上杉管領の二つの勢力が争うことになる。

足利成氏は、上杉氏とその連合の今川の軍に攻められ、鎌倉を逃れ、下総古河の館に入り、古河公方と呼ばれた。

足利氏と上杉氏の対立で、関東の諸将はどちらかに属したが、中にはあまり旗色を鮮やかにしない者もあった。

上杉氏にも扇谷家と山内家の二家があり、道灌の父、太田資清は扇谷に属していた。

道灌が江戸城を造ったのは、古河の足利氏に対する上杉方の備えとしてであった。

道灌が江戸の地を選ぶについては、いろいろの話がある。

城地探しをしている道灌の夢枕に、弓矢八幡が現われ、千代田、宝田、祝田という田の字の付く土地を探し、そこに城を造れば、東西に誇る名城となるであろう、との教えがあり、探したところ江戸というところに三つの田があったのでそこを城地と決めた。

あるいは、道灌が江の島に詣で城地選びの祈願をしたところ、帰途に乗った船が突風に流され、隅田の川口の辺りで風がやんだとき、船中に鰶という魚が飛び込んだ。ふと岸辺を見ると、格好な丘陵があった。そこで、鰶にちなんで、その江戸の地を城地と決めた……。

富士見櫓から江戸を守り続けた道灌

城というものは、城地と土木構築と建造物の三つから成り立っている。中でも、もっとも大切なのは城地である。城を造る適当な土地がなければよい城は造れない。土木構築はその城地を城として補強することで、これも城の防御上大事なことである。建物は住まい、倉庫などで生活上重要だが、防御上はそれほど重くは見られなかった。

天守が城の代表的な建物として見られるのは、視覚的な意味での権威を表わすためで、近世大名になってからのことである。

道灌の時代、城地が第一の城の要素だったのである。

道灌の江戸城は、いま残る江戸城の本丸の部分であった。関東の一部将の城だから、さほど巨大なものでもない。

江戸氏一族の居館があったであろう台地を、道灌はさらに拡大した。南面する丘崖は海に面していた。西は一段低く湿地帯である。北も沼をもつ湿地帯、東は丘陵が起伏している、絶好の城地であった。

文明六年（一四七四）、道灌が殺される十二年前、江戸城内で歌合わせの会が開かれた。道灌はこの会に合わせるように、城内南東部の海にのぞむところに三層の櫓を造って静勝軒、と名づけた。歌合わせの客人に披露されたが、その展望の佳景に人々は歓声を上げた。道灌もこの静勝軒を好み、ここにいることが多かった。

道灌の死後三十八年、江戸城は小田原の北条氏綱によって奪われた。このとき道灌の孫に当たる太田資高は、仕えていた扇谷上杉朝興を裏切り、北条氏に内密して、江戸城内に土地を与えられた。

天正十八年（一五九〇）、秀吉は小田原を落とすと、関東の土地を家康に与えた。

家康は江戸を本拠と定めた。

江戸城は大改築が行なわれ、やがて日本第一の名城、巨城となった。そして徳川幕府三百年の太平の基城となったのである。

やがて幕末、そして明治維新、江戸城は戦火をまぬがれて残った。

東京遷都、江戸城は天皇の皇居として使われることになった。

太田道灌が建て、これを愛し、亡霊の宿っていた静勝軒は、徳川氏の江戸城改築のとき、解体され新しく富士見櫓が建てられた。いまに残っている富士見櫓である。この下はかつては海だった。

静勝軒は解体されたが、太田道灌の亡霊はそのまま富士見櫓にとどまった。

道灌の怨霊は、自分を奸計で陥れた山内上杉顕定と謀殺した扇谷上杉定正に祟った。二人とも不幸な死に方をしたという。

しかしその後、道灌の霊は静勝軒で悠々と雪花風月を楽しんでいたが、徳川幕府の施政が悪いと天変地異となってこれをたしなめたという。

明暦の大火、天保の大飢饉などの出来事もすべて道灌の亡霊の仕業という。

しかし道灌は寛正五年（一四六四）、上洛し、後土御門天皇に謁して以来、天皇家には親しみをもっていたので、京都から江戸へ、天皇家が移ることについては喜んでいた。

太田道灌(おおたどうかん)が造った江戸城（中央・伏見櫓(ふしみやぐら)）

道灌の亡霊はいまもなお、富士見櫓に在って、江戸城を守りつづけているという。

(5) 消え失せた〝武田家の黄金〟――躑躅ケ崎館

清和源氏直系の名門・甲斐武田氏

そもそも甲斐国に武田氏が住み着いたについては、次のようないきさつがある。

武田氏は清和天皇の皇子、貞純親王から出た、直系の清和源氏であり、はじめ京に近い河内国に住み、河内源氏と呼ばれた。この時代、居住地の地名を重ね、あるいは姓とすることは通常だった。

源頼義のとき〝前九年の役〟が起こった。

頼義は奥州に出陣して、この前九年の役を戦い、大きな戦功があった。この頼義の長子が八幡太郎義家であり、第三子が新羅三郎義光である。

前九年の役以来、奥州とかかわりを持った源氏は、源義家が、永保三年（一〇八三）九月、陸奥守となって奥州に赴任した。

そのとき、たまたま奥州の豪族、清原家衡が、同族の清原真衡と争っていた。真衡の言い分に理があるとみた義家は真衡を助けたが、家衡に同調する一族も多く、戦いとなり義家は苦戦を強いられた。

京にいてこの報らせを聞いた義光は、兄、義家を助けに行きたいと、朝廷に願ったが許されなかった。そこで左兵衛尉という官職を辞した義光は、一族郎党を率いて奥州に駆けつけた。

この対面のとき義家は、弟、義光の手を取って感泣したという。

寛治元年（一〇八七）九月になって、金沢柵に清原家衡を囲んだ義家と義光は、ついにこれを落城させ、ここに〝後三年の役〟と呼ばれた戦いは終わった。

都に帰った義光は、刑部丞となり、やがて常陸介、甲斐守ともなった。義光は地方の守になっても都住まいだったが、義光の二男、逸見冠者義清は甲斐国に移り住んだ。義清の子・清光の二男・信義が、甲斐国武田庄に住んだとき、はじめて武田氏を名乗った。したがって、甲斐武田氏の始祖は武田信義であり、新羅三郎義光からは曾孫に当たる。

この後、武田氏の血を引く者は、甲斐一国に居住することになり、甲斐の豪族は武田一族が多くなった。

源頼朝が鎌倉に幕府を開いて、全国に守護、地頭を置いたときも、武田氏は同じ源氏の宜みと、同族の実力で本家はそのまま甲斐守護となったのである。

武田庄に住み着いた本流の信義から十五代目が武田信玄である。

このように、甲斐武田氏は、戦国大名、守護の中でも、きわめて氏素姓がはっきりしている。すなわち清和源氏直系の名門なのである。これは武門にとっては重要なことであった。

武田氏の甲斐統治は長く、また一族の結束も割合いによかったから、下剋上、戦国乱世になっても、他国に比べれば内紛は少なかった。

莫大な軍資金をどうやって調達したか

本拠の居館も伊沢（石和）にあって、平地の一重の堀と土塁をめぐらすのみの館だったから、信玄の父、信虎のときになってあまりにも防備が手薄として、少し北の「躑躅ケ崎」というところに、城を築いて移っている。

これはやや斜面の台地に堀を掘り、高い土塁をめぐらし、出入口には木戸を設けた。一種の「かき上げの城」だが、要所には石垣も使い、当時の城としては立派なものだった。

さらに躑躅ケ崎の北九丁ほどのところに適当な山を見つけ、これを要害山城として詰めの城とした。詰めの城というのは、居館が襲われたとき逃れ、籠城するための城である。

武田信玄も父・信虎から、この躑躅ケ崎と要害山城を受け継いでいる。もっとも信玄の代になって、躑躅ケ崎館は、他国に進攻する基地としての役割が大きくなったので、城地を拡張し、堀を深くさらい、土塁をさらに高くし、木戸を厳重に固めている。

その上信玄は、居館の横になぜか大きな天守台を築かせた。天守閣は建てなかったが、いまに残る天守台の大きさからして、もしこの上に天守を造ったら、相当立派なものができたはずである。

もっとも信玄は、兵を精強に鍛えることにつとめ、他国に侵攻する型の武将だから、守り一方の巨大な城は居城として必要としていない。

しかし本拠の躑躅ケ崎館を充分に防備し、甲斐国内の要地、国境の拠点には多くの城、砦を造り、甲斐一国の防備体制を備えた上で、他国への侵攻をはじめたのである。

莫大な黄金を隠したといわれる躑躅ヶ崎館天守跡

いつの時代でも兵を動かす、戦の準備をする、というのは莫大な資金を必要とするものである。

常時、戦闘に耐える家臣団を養うこと。

戦いに当たって人数を集めること。

武器を造ること。

戦う人のための食糧を準備すること。

いわゆる軍資金は人数、武器、食糧に応じて巨大な費用となる。

戦う大名や豪族は、この費用をどうして捻出するかが、その大将たる者の器量だった。

領国が広大で、しかも産物の豊かな国は、領民からの年貢も多い。戦いの費用もこれで賄えた。

甲斐は山国である。武田家は甲斐一国の守護といえども、さほど裕福な物産に恵まれているとはいえない。国の中も周りも山に囲まれ、農業を中心とするこの時代、ここの地勢では充分な年貢は望むべくもない。

では、どうして武田家はたびたびの合戦に必要な多額の戦費を貯えていたのであろうか。

奥州の豪族にならった〝産金〟の重要性

新羅三郎義光が、かつて後三年の合戦に奥州に赴いたとき、都から離れた、寒冷の地にある奥州の豪族たちが、意外に豊かであるのに義光は驚いた。

特産とはいえ、見事な駿馬に乗り、きらびやかな甲冑、京の武者たちの服装とは異様ではあるにしても、このような装具を充分に使用できることは、彼らの豊かさを物語っていた。

そこで義光は、奥州の豪族たちの財源が何であるか、ということに興味を持った。

その結果、奥州にいろいろと変わった産物は多いが、そのもっとも大きな財源は、この地で産する〝砂金〟であることがわかった。

砂金を鋳た黄金なら、あらゆるものとの交易も可能である。

金は変質することもなく、保存の場所も余りとらず、持ち搬びも比較的容易である。

奥州の領主たちは領民に砂金の採集をさせ、これを貯え、交易に使ったのである。

必要があれば、領主たちは配下の〝金売り〟を、西の国に遣って必要な物を手に入れた。

〝金売り〟は、同時に諸国の情報ももたらした。

清原家衡の本拠、金沢柵を落としたとき、巨大な量の砂金の貯えが発見された。義家はその大半を弟の義光に与えたが、この砂金が、義光が京に帰ってのちの立身にきわめて役立ったことは、義光にあらためて黄金の価値を認識させた。

甲斐守になった義光は、甲斐が山国で、材木などのほか、さほどの産物とてないことを知ったが、領国を検地するうちに、領民がわずかながらも川から砂金を採っていることを知った。とすれば、この国の山間部には、金の鉱脈があるかもしれない、と義光は考えた。

甲斐で生まれた三男・義清に、砂金の採集を領民に励(はげ)ませるよう命じるとともに、義光は兄の義家に使いを送り、奥州の金掘りの熟練した者を数名、甲斐に送らせた。

義清に命じ、奥州の金掘りの人夫を頭(かしら)として、甲斐国を探索させ、産金地を探させた。

含有の量は豊か、とはいえないまでも、数多くの金山が甲斐国の中で発見された。

義清はここに金掘りの集団を居住させ、産出に励ませたのである。

義清、清光、信義と、この産金の奨励は受け継がれ、甲斐国の金掘り衆は領主・武田氏の庇護の下でその技術を研き、密かながら甲斐の金の産出額は驚異的な増加を示し、信虎の代の武田氏躑躅ケ崎館には、莫大な量の黄金が貯えられたのである。

これを機会に、武田氏はそれまでの雑多な形の砂金、金塊などを鋳造して、小粒や小判とし、形を整えて貯蔵、運搬に便利なように変えた。

それと同時に、躑躅ケ崎館に大きな天守台を築き、この内部を金の貯蔵庫としたのである。また密かに要害山城の本丸にも頑強な石室を造り、ここに黄金の一部を搬び入れた。

〝長篠の戦い〟以後、勢力を失った勝頼

武田十五代の当主になった信玄のさし当たっての策略は、信濃に力を伸ばすことだった。

そののちは〝風林火山〟の旗標のもとに、他国侵攻に乗り出す。ときに信玄二十一歳。

この時代になって甲斐では、金のみでなく、銀山も開かれ、いずれの産出も多くなっている。

甲斐一国に金山は三十カ所余りもあった。中でも産出量の多いのは黒川、下部、本栖などだったが、その産金の量は天文年間の約二十年ほどの間に、千二百貫（約四千五百キロ）にも及び、いわゆる小粒、小判の甲州金が鋳造されたのである。

さらに戦勝による戦利品の金銀もあったから、武田氏の金銀の貯蔵量は莫大なものとなった。その総量は数万貫以上、といわれた。

天正元年一月、信玄は三河の野田城を攻めた。上洛の途上の一戦である。

『三河後風土記』から出た物語によれば、野田城中に、松村芳休という笛の名手がいて、籠城のつれづれに、毎夜、矢倉の上で笛を吹いていた。

その妙な音色に、武田の兵も聞き入ったが、噂を耳にした信玄も、城の矢倉に近い丘に行き、これを聞いた。

この噂は直ちに城中に伝わり、ある夜、城中の鉄砲の名手、鳥居三左衛門という者が、十数名の部下とともに信玄が立つという丘を狙って、一斉に鉄砲を射かけた。

現在、武田神社となっている躑躅ヶ崎館跡

この中の一弾が信玄の耳を砕き、その場に昏倒した。

甲州軍の陣容はそのまま動ぜず、やがて二、三日を過ぎ、城を包囲した軍は徐々に引き上げはじめたが、見事な退き方なので城兵は追討もできなかった。

信玄はこのときの傷がもとで、病を併発し、甲斐に引き上げる途中、信州伊那の駒場で病重く、四月十二日、息を引きとった。ときに信玄、五十三歳。

一説には信玄は、かねて労咳（肺結核）におかされていて、野田城包囲中に容体が急変し、甲府に引き上げる途中、死去したともいう。

死期に当たって信玄は、

「三年、喪を秘せ」

と勝頼と重臣に言ったという。

信玄が亡くなったとき、勝頼は二十八歳であった。当時としては一国の領主として若すぎる、というほどの年ではすでにない。

勝頼はけっして凡愚の将ではなかった。

信玄の死後、大いに武名を伸ばした。天正二年（一五七四）二月には、美濃国の諸城を落とし、とくに明智城の攻城は巧みだった。四月になると徳川家康の所領、三河に進出し、五月には名城として知られた、遠江・高天神城を落城させた。この城は父・信玄さえ、大いに手こずって落としかねた城である。

このため武田勝頼の武名は、父・信玄に勝るものとして、全国に知れたのである。

しかし決定的な悲運が待ち受けていた。

天正三年五月、ふたたび三河に進出した勝頼は、長篠（ながしの）城を囲んだ。長篠城を救援に来た徳川、織田の連合軍と、宿命的な決戦をすることになったのである。

長篠の戦いでは武田家の信玄以来の勇将、猛将が、数多く戦死した。著名な将だけでも、三十人を越えた。

長篠の合戦を契機として、武田氏はその勢力を失っていく。北条氏の離反、家臣団の離脱、信長、家康の来襲など相次ぎ、勝頼はここに重大な決意をしなければならなくなった。

なぜ“武田家の黄金”は消え失せたのか

勝頼は居城躑躅ケ崎館が大敵に囲まれれば不利なことを知っていた。そこで新しく西北四里（約十五キロ）のところにある韮崎（にらさき）の丘陵地に城を築くことにした。

城は新府城と名づけられることになった。

勝頼は躑躅ケ崎館の天守台と要害山城の金倉に隠されていた莫大な量の黄金を掘り出し、新府城に移すように命じた。

ところが、黄金も銀もすべてが跡形もなく消えていたのである。

勝頼も重臣も驚いた。

だが、信玄の命で埋蔵に立ち会った重臣の一人が、黄金はなくなっていたが埋蔵の封印などはまったくそのままで掘り出された痕跡はまるでない、と言うのである。

不思議なことがあるものである。

勝頼の軍資金は手許に用意されたものもあり、当座困ることはないのだが、城造りは手もとの金で間に合うほどの金額ではない。

この件は極秘にされたのだが、いつの間にか城造りの人夫たちにも伝わっていった。

日当の金や米をもらうと、逃げるように去って行く人夫が続出した。

新府城の築城規模はにわかに縮小され、本丸の工事に全力が注がれた。

天正十年（一五八二）、織田、徳川などの軍が新府に迫った。

城は未完成であり、兵力もすでに不足していた。籠城して戦うこともできない。

勝頼は城に火をかけ、家臣小山田（おやまだ）氏の岩殿山（いわどのさん）城に逃れようとしたが、小山田氏にも逆（そむ）かれ、天目（てんもく）山に登ろうとしたが、田野（たの）というところで敵襲に遭い、一族すべてが自刃（じじん）した。

新府城は〝武田家の黄金〟が紛失したために完成しなかった。なぜ黄金が、盗まれた形跡もまるでなく紛失したのであろうか。

じつは、このような話が伝わっている。

信玄の父、信虎（勝頼には祖父だが）にはとかく悪行が多く、粗暴な振舞いが常であった。

金銀の産出には大いに力を入れたが、あるとき堤（つつみ）という金山で、金掘り人夫たちが仕事が激しすぎると、いまでいうストライキを起こした。金山奉行も持て余し、信虎に訴えた。

激怒した信虎は、側近を連れると馬で早駆けして金山に赴（おもむ）き、人夫たちとその家族、幼い子供たちまで、金山の廃坑に閉じ込めると、入口を火薬で爆発しこわし、生き埋めにしてしまった。二、三日は入口をふさがれた廃坑から生きている

者の呪詛の声が、

「この怨み、必ず晴らさでおくものか」

と聞こえた。

信玄のとき、この廃坑を掘ると、人骨が累々と現われ、その中のどくろの開かれた穴はいまだに怨むがごとくであったという。

信玄は人骨を集め、厚く葬らせた。

そのため信玄の代には祟らなかったものが、勝頼の代になって、武田家の黄金を怨力で持ち去り、新府城の築城を完成させなかったのであろうという。

(6) なぜ秀吉は、信長の廟を建てたのか——安土城

安土山中に埋められた金銀財宝

安土城天守の炎上は近隣の村はいうまでもなく、琵琶湖の対岸の人たちにもよく見えた。

天正十年（一五八二）六月二日の未明、明智光秀は京都本能寺に織田信長を襲った。火災の中に信長は自刃した。

この知らせが安土に届いたのが夕刻前、留守居役の大将、蒲生賢秀は直ちに兵を要所の警備につけ、物見を京へ通じる街道に出すとともに安土立ち退きの用意にかかった。

賢秀のところに、明智の一軍が安土に向かったとの知らせが届いたのが夜に入ってからである。

賢秀は信長夫人や子女を自分の居城、日野に移すことにして準備はしていたが、安土城にはおびただしい金銀財宝があった。

夫人と重臣に相談したが夫人は、

「金銀、太刀、小ぶりな財宝は日野に搬び、一部は留守居役の重臣および配下に分配するがよかろう」

との仰せである。

賢秀はその言葉に従ったが、相当分の金銀を安土山中に埋めさせた。時機に備えての軍資金である。埋蔵には腹心の者のみを使い、夜半に行なった。

六月三日、信長の一族と重臣は安土を退去した。

多少の金銀と太刀、茶器などの財宝の一部が天守閣内に残された。それもわざと取り散らかした形であった。さもないと、多量の金銀を急には搬べないので、埋蔵したと疑われるおそれがある。

明智光秀が安土に入ったのは、六月五日であった。光秀は直ちに安土を占領するつもりだったが、途中、瀬田で山岡美作守の反撃に遭い、瀬田の大橋を焼き落とされ、光秀の軍は川岸に足止めを食ったため、一日遅れたのである。

安土城天守に入った光秀は、その金銀財宝が、考えていたよりははるかに少ない、と思ったが、それを追及している時間はない。金銀を部下の将兵に与えると、留守居に明智光春を残して六月八日には安土とは琵琶湖をへた対岸の坂本に帰った。光秀の居城である。

天正十年六月十四日、明智光春は安土城天守閣内部に薪や容易に燃えるものを積み上げ、これにさらに油を注がせ、兵の大部分が山麓に下りたのを見て、軍配を上げ合図をし、天守に残っていた数名の兵に、火をかけさせた。吹抜け造りであった天守は、火の廻りが早く、またたく間に火に包まれた。

この世のものとは思えない美しき天守

安土城は、織田信長の天下布武の事業を全うさせるための城であった。

信長は天文三年（一五三四）五月、尾張守護代織田氏の一家、織田信秀の長子として生まれた。当時、信秀の居城は、那古屋城――名古屋城の前身である。信長は織田家を継ぐと、清洲に居城を移した。さらに小牧山、そして美濃の斎藤氏を降したのち、その居城であった稲葉山城を大改修して居城とし、岐阜と改名した。永禄七年とも永禄十年（一五六七）のことともいう。

信長の望みは、武力によって天下を統一することであった。そのため城を那古屋から清洲、小牧山、岐阜と京に近づけたのだが、永禄十一年に将軍足利義昭を奉じて京に入ったのち、反織田勢力と戦い、浅井長政、朝倉義景も滅ぼし、天正三年（一五七五）五月には三河長篠の戦いで武田勝頼を破ると、信長の勢力はさらに進展した。

天正四年一月、信長は琵琶湖畔の安土山に築城の工を起こした。

信長が安土に城を築くと決めたのは、天正のはじめの頃である。

しかし信長は情勢を睨んでいた。そして天正三年十二月、時はよしとみた信長は、築城の命を発する。普請は正月明けからはじまった。そして二月二十三日には安土の仮の屋形に岐阜から移る。

安土山は琵琶湖に面した約百八十メートルほどの山だが、麓からの高さは約九十メートル、谷を一つ隔ててかつての近江源氏の本拠となった観音寺城がある。

安土山と観音寺城のある繖山の間を京に通じる街道が走っていた。安土山は観音寺城の出城として多少の郭が造られたこともあり〝垜〟、すなわち弓の稽古場だったこともあって、安土の名がついたともいう。〝あづち〟には、城外の虎口（門）の前方に築いた土塁の意味もある。

しかし信長は姿のよい安土山を選んで、ここに壮麗な城を築くことにした。観

信長が天下統一の根拠地とした安土城跡

音寺山をと勧める重臣もあったが、信長は安土を選んだ。もはや高い山上に城を造る時代ではない。信長は天下統一後の城は石山（大阪）と決めていた。京に近く日本の中心であり、天下人の居城にふさわしい。だがいまは、安土に城を築いて天下に威勢を示すことが大事だ、と信長は考えていた。

安土城は一年ほどでほぼ完成したが、天守閣の竣工は天正七年五月のことであった。三年の歳月がかかった。

五層七階の天守が完成し、その覆いが取り払われたとき、人々はまさに仰天した。こんな美しい天守があるのだろうか。

天守は街道からも湖からも、城下からもよく見えた。

信長は城郭の完成を大いに喜び、天守、城郭、城下町の様子を絵師狩野永徳に命じて描かせた。これこそ後世に伝わる「安土城図」幻の絵図である。というのはこの絵図、宣教師アレッサンドロ・ヴァリニアーニを通じてローマ法王に献上され、いまでは行方不明だからである。

信長の天下統一は、志半ばにして本能寺に倒れ、完成されなかった。

そして信長が自慢にした安土城天守も、完成後わずか三年にして焼失した。

埋蔵金探しの浪人たちを襲った異変

信長の死後、清洲(きよす)会議で、安土城と近江一国三十万石は、織田秀信(ひでのぶ)が領有することとなった。秀信は本能寺の変のとき二条城で討死にした信長の長男、信忠(のぶただ)の子だから信長の孫で織田家の本流だが、このときわずかに三歳、実際には安土に住まず、叔父信孝(のぶたか)のいる岐阜で育てられたから、主(あるじ)のない安土の城下は日々さびれていった。やがて安土は廃城となる。

その頃、安土城天守と信長の屋形(やかた)のあった安土山中には莫大な金銀の埋蔵金がある、という噂が立った。

ある日、流浪(るろう)の侍が数人で山に入り、天守の焼け跡から、二、三の小粒銀と一枚の小判の焼けたのを発見した。

彼らは安土山中のどこかに埋蔵金があると信じ、金銀探しをはじめた。

天守閣のあった山頂の天守台地下か、信長の屋形があった二の丸辺りと見当をつけ、仮小屋を造った。

ところがその夜、異変が起こった。

夜半に騎馬の兵が駆ける物音が上がった。

すさまじい雄叫(おたけ)びの声が聞こえた。

驚いた浪人たちが小屋から飛び出して見ると、何事もなく松風のみが吹いている。

気のせいか、といぶかしく思いながら小屋に入って寝ようとすると、ふたたび戦いの修羅場のような阿鼻叫喚が聞こえてくる。傷ついたり、殺される者の悲鳴が聞こえてきた。はじめは遠く、そしてだんだんとその音が大きくなって聞こえる。

小屋から出ると音は消え、何事もない。

三度目には小屋の周囲を走り廻る足音、刀槍の触れ合う音が激しくなった。

浪人たちはだんだんと気味悪くなり、こわごわ小屋から出ると、焼けた松林の間から数十人の侍が、刀や槍を振りかざし浪人たちに向かってくる。あっという間に取り囲まれて、浪人たちは斬りかかられた。

浪人たちも刀を抜いて立ち向かったが、敵をいくら斬っても斬っても手応えはなく、また敵の刀で斬られても、槍で突かれても激しい痛みを感じるのだが、死ぬほどの苦しみにもかかわらず、血も出なければ傷にもならず、死にもしない。

しかし無茶苦茶に刀を振り廻しているうちに、浪人たちは仲間の刀で傷つき、同士討ちで死ぬ者も出た。

秀吉が弔いのため建てた〝信長の廟(びょう)〟

その中の一人がやっと囲みを逃れ、山の下に駆け下りた。仲間に斬られた傷口からの出血で半死半生の体である。山下の乞食の仮小屋に駆け込むと水をもらい、飲むと息が絶えてしまった。

廟を建て、信長の霊を弔った秀吉

死ぬ前に浪人が語ったことには、山上の侍は数十人、鎧、具足をつけ、その中のひときわ立派な寝間着姿の武士が、大身の槍で浪人たちを刺したという。乞食の口から翌日、このことが安土の村人に伝わり、村人が山に登ると浪人たちの無惨な死体があった。

この話が伝わると、恐れる者もいたが、金銀の埋蔵金欲しさに山に入り、不思議な死を遂げる者も出た。

この噂を伝え聞いた豊臣秀吉は、安土山に立ち入ることを禁じ、山上の信長屋形跡に廟を建てて信長の霊を弔った。

そののち亡霊は現われなくなったという。

埋蔵金もいまに至るまで発見されてはいない。

現在、安土山上には秀吉の建てた廟が残っている。

2

美しき女性たちの怨念

——姫路城・一乗谷城・徳島城・松江城・福井城

(1)『甲子夜話』に記された十二単衣の妖魔——姫路城

幼い千姫の養育係だった刑部姫

関ケ原の戦いののち、池田三左衛門輝政は播磨に封ぜられ、五十二万石を領し姫路に入った。輝政のほか一族の封領を合わせると総石高八十七万石、西国探題将軍と呼ばれた輝政は、西国第一の居城を姫路に造った。

白鷺が舞うような、とその美しさを讃えられた城の天守に、一人の姫の霊が棲みついたのは、それから六年ほどもあとのことであった。姫は、老女となった侍女を連れていた。

姫の名は刑部といい、かつては身分の高い家の生まれである。侍女は姫が幼少の頃より付き添っていた。

京の二条にあった屋敷で育った刑部姫が、大坂の城に行ったのは慶長八年

（一六〇三）のことである。大坂城主・豊臣秀頼のもとに徳川秀忠の息女千姫が輿入れしたが、わずか七歳であったため、千姫の養育係の一人として大坂城に入ったのである。

千姫の父・秀忠と祖父・家康が、千姫に公家ふうの躾をと望んだので、刑部姫が選ばれた。

大坂城は大きい城である。太閤秀吉が天下無双の城として築いたもので、城に入った刑部姫にとっては見るものすべてが驚きであった。

千姫の住いは西の丸の中にあり、刑部姫もそれにつづく長局に部屋をあてられた。

千姫の母は小督の方といった。豊臣秀頼の母、淀君の妹であり、彼女たちの母は織田信長の妹、お市の方である。お市の方は戦国時代でも噂に高い美女、千姫もその血を引いて可愛らしく美しかった。

伯母に当たる淀君も千姫をたいそう可愛がっていたから、西の丸の暮らしも何不自由なかった。

刑部姫はほとんど毎日、一刻か二刻、千姫を訪ね、公家のしきたりの話などしていたが、幼い姫がそれに飽きると、投扇や双六など、お遊びの相手をした。

千姫にも関東から二十人余りの侍女が付いてきていて、中には学問、武芸などの日課もあったから割合いに忙しい日々だった。

秀頼と千姫は、母が姉妹だったから従兄妹に当たるが、時に秀頼が千姫を訪ねると山里曲輪などで兄妹のように仲よく遊んだ。時に秀頼もまだ十歳である。

“大坂夏の陣”で落ちた大坂城

千姫と秀頼の床入りの儀は、千姫が大坂に来てから六年後の慶長十三年、秀頼十六歳、千姫十二歳であった。その翌年には二人の間に国松が生まれる。この報らせに家康も秀忠も喜んだが、多少複雑な心境でもあった。

家康は豊臣氏の存在を、徳川のためにはならぬものと考え、秀頼を大坂から大和か紀伊に移し、徳川に臣従する一大名としたかった。

無法に大坂城を攻め取るわけにもいかぬし、豊臣恩顧の大名もまだ多く、天下の大乱にしてはならない。そこで家康はまず大坂城に貯えられた財力を消費する策を講じた。

豊臣に社寺の新築、改築を勧めたが、中でも方広寺大仏殿再建の事業は、ことさらに大がかりだった。

秀吉が天下無双の巨城として築いた大坂城

慶長十六年（一六一一）三月、徳川家康は、後水尾天皇践祚の奉賀に駿府より上洛した。このとき家康はその宿舎、京二条城で秀頼に会いたいと申し入れた。一応は祖父が孫に会うかたちだから筋は通るのだが、大坂方、とくに淀君は反対した。が、加藤清正・福島正則などの進言もあり、実現した。

慶長十九年七月、方広寺大仏殿が完成した。

が、その鏡銘に、

「国家安康　君臣豊楽　子孫殷昌」

という文字があったため、これを知った家康が、自分の名を二つに裂き呪詛するもの、と怒った。

家康は、はじめから事を起こす所存だから、大坂の弁明、陳謝も聞かず、十月には豊臣氏討伐の命を出した。

ここに〝大坂冬の陣〟といわれる戦いがはじまった。

大坂方十万、徳川の軍二十万といわれた。

しかし大坂城は金城湯池、倍くらいの兵力では歯も立たなかった。そこで家康は予定どおり和議を持ち出し、和睦ができた。

和睦の条件として大坂城外堀を埋めることがあったが、家康は兵、人足を入れ、内堀までも埋めてしまった。

天守櫓などの建物だけでは大坂城も裸同然である。翌年、家康の計画どおり戦いが再開された。〝夏の陣〟である。

裸同然の城はあっけなく攻められ、またたく間に落城寸前となった。

千姫脱出を阻止した刑部姫の死

秀頼は側近の者、淀君、千姫らと、炎上しはじめた天守から糒櫓に逃れ、一族郎党自害することになったが、そのとき不思議なことが起こった。

最後まで千姫を守っていた付き人の侍女十人余りが、にわかに打掛など脱ぎ捨てると、その下に着けていた黒装束になった。千姫を囲んで糒櫓を出ようとしたのである。黒装束の一人が櫓の窓から石火矢を一発放つと、それまで糒櫓に向かって射たれていた鉄砲の射撃はぴたりと止んだ。

千姫を囲んだ黒装束の者たちが櫓の入口にじわじわと向かったとき、長刀を手にした刑部姫が黒装束の者に斬り込んだ。

「千姫さまは秀頼さまの奥方、夫に殉じるのが人の道、よしんば城を出られるとしても秀頼さまの許しを得てのこと。得体の知れぬ者どもの勝手、刑部、承知しかねる」

刑部姫は黒装束の者、一人を斬り殺し、一人に手傷を負わせたが、同時に五人ほどの者の刀、長刀を受け、見るも無残な、手足がバラバラになるほどの殺され方をしてしまった。刑部姫に従った侍女も同様に殺され、千姫は糒櫓の外に逃れた。そのとき糒櫓の中に火薬が暴発するような閃光が走り、それが消えたとき、ふたたび徳川方の攻撃がはじまった。

大坂城は落城、焼け落ちた櫓が黒い煙を上げていた。刑部姫と侍女の怨念は大坂の城跡をさまよっていた……。

なぜ姫路城天守に取り憑いたのか

しばらく大坂をさまよった刑部姫と侍女の怨念は、なぜかやがて西方の姫路に飛び、天守閣に棲(す)みついたのである。時の城主は池田利隆(としたか)。

姫路の城は造られてからすでに六年の歳月をへていた。五層六重の外観は華麗な天守も、創築当初から内部は木組みが剝(む)き出しのままであった。まして六年の年月は内部を荒涼とさせていた。物置きなどに使われ、窓も常に閉ざされているから暗く、無人だったが、月に二、三度、警備の者が形だけ見廻った。

ある夜、見廻りの者たちが見廻っている最中、突然風が起き、龕燈の火が消えたり、無気味な物音が立った。さらに冷たい手と覚しきものが頬を撫でたりしたので、見廻りの者たちは激しい恐怖を覚えた。そのため階段から足を踏み外し大怪我をする者もあった。

天守に棲む妖怪の噂は、いつとはなく人の口に上り、天守見廻りの勤務はひどく恐れられ、やがて年に一度、大人数で窓を開け放すことのみとなってしまった。

大坂が落城した翌年の元和二年（一六一六）、姫路城主・池田利隆が亡くなった。そのあとに本多忠政が十五万石で入封する。

忠政は、本多平八郎忠刻の父である。

千姫は大坂城を逃れると江戸に帰り、やがて本多忠刻のところに輿入れしていた。

つまり、大坂落城の翌年、千姫は忠政・忠刻親子とともに姫路に来ることになったのである。

刑部姫、いや刑部姫の怨霊は、姫路城天守で千姫を待っていた……。

千姫と忠刻は、姫路城西の丸に新しく館を造ってここに入った。刑部姫の棲む天守からは、西につぶさに見える郭である。

刑部姫の復讐がはじまった。

「拙僧の祈禱も及びませぬ」

千姫に付き添っている侍女の中には、大坂城で刑部姫をめった斬りに惨殺した黒装束の者が四人いたが、ある嵐の夜、見るも無残な死に方をした。

四人とも天守下の三国濠に死体が浮かんだが、額には大きな呪い釘が深々と打たれ、恐怖の形相もすさまじく、首のほか手足は誰ともわからないほどバラバラで、まるで引き裂かれたように見え、発見した者を震え上がらせた。

千姫と忠刻の屋敷では、怪事がことごとく起こった。建物が振動する。夜は無気味な物音が起こり、暗闇の中から青白い火の玉が飛び交った。火事が起こった。天井の梁が落下して女中が死んだ。物置きが崩れ、侍女が圧死した。そしてついに、忠刻が原因不明の病に倒れたのである。

千姫は忠刻に嫁ぎ、姫路に来るに当たって十万石を化粧料として持参していた。忠刻の病のため、京からも名医が呼ばれた。薬石も惜しみなく使われた。しかし、すべていっこうに効果がないのである。

不思議なことが起こった。

忠刻が毎夜、丑三(うしみ)つの刻（真夜中）になると、重病にもかかわらず起き出し、どこかに行き、朝方帰るのである。

忠刻の寝所宿直(とのい)の者が気づき、忠政に報告した。忠政は剛の者に申しつけ、忠刻のあとを尾(つ)けさせたが、寝所を出た忠刻の姿が、忽然(こつぜん)と消えてしまうのである。

これはただごとではないと思った忠政は、城下の高徳の僧を呼び、祈禱(きとう)を行ない原因を知ろうとした。が、あろうことか祈禱を行なっていた僧がにわかに苦しみ出し、悶絶してしまった。

しばらくして気づくと、恐怖に満ちた顔で、

「よくはわかりませぬが、天守の方向に世にも恐ろしい妖気と怨念が感じられ、拙僧の祈禱も及びませぬ」

と言う。

忠政もわが子のことなので決心し、経文を書いた衣類を身につけ、人間を災(わざわ)いから守る力があるという護符(ごふ)を背と腹に巻き込むと、大小の刀はわざと持たず夜を待った。

丑三つの刻、忠刻は無表情に起き立った。忠政は忠刻の寝所に向かい、ただちに忠刻の背に護符を一枚貼りつけた。寝所を出て振り返ると、暗闇の中に護符だけが光っている。と、突然、光る護符が動き出した。忠政がそのあとを尾けると、忠刻は天守に入った。二階、三階と上がって最上層に入ろうとすると、

「忠刻どの、今宵は部屋の外で衣類を脱がれよ」

と声がした。

忠刻は言葉どおり護符のついた衣類を脱ぐと裸身になり、部屋に入った。

十二単衣を着けた妖美な姫君

忠政は板戸の隙間から部屋をのぞくと、うす暗い光の中に、十二単衣を着けた妖しく美しい女がすわっている。女は衣を脱ぎ捨てると裸身になって床に入り、忠刻と激しく愛し合った。

その営みは一刻も続いた。

十二単衣を女が着けはじめたので、忠政は天守から出た。そのあとから忠刻が背中の衣類の護符のみを光らせ、寝所に帰って行った。

〝あのような激しい男と女の営みを毎度続けたならば、元気な者とて体は保つま

〝白鷺城（しらさぎ）〟とも呼ばれる美しい姫路城

い。まして忠刻は生来の病弱、何とかせねば。しかしあの天守の女、姫と見えたが、この世のものではあるまい。どうして忠刻に取り憑いたものか〟

忠政は藩の学者に命じて調べさせた。

千姫が大坂から逃れたときのいきさつを、坂崎出羽守直盛の配下だった者からおぼろ気ながら聞き出すことができた。

忠政はもう一刻も猶予はならぬと判断し、鎧冑に身を固め、護符を全身に貼り、大身の槍をかかえて天守に乗り込んだ。

丑三つの刻にはまだ時間があった。

刑部姫は忠政をも取り憑き殺すつもりだったが、侍女になだめられ、ひとまず侍女が会うことになった。

忠政が天守最上層に上がると、部屋に一人の老女がすわっている。

「そのほう何者なりや、わが子忠刻を惑わせしは姫の姿をした女のはず」

忠政が言うと、老女は、

「妾は刑部姫と申すもの、大坂城の千姫の仕打ち、怨みに思ってのこと、忠刻どのを惑わせしはこれも千姫への仕返し、次は千姫じゃ。もともと忠刻どのは病身、もう取返しはつかぬが、最期は安らかに黄泉に行かせよう」

天守にある〝刑部(おさかべ)神社〟

「忠刻の病身はもとよりながら、今後、千姫をいかにされる」

「もとは刑部の主筋、命はとらぬ、ただ生きながら魂は抜き、一生を不幸に過ごすまで、われらが怨念を思い知り、長き苦しみを味わうことじゃ」

「では、刑部姫は、この姫路と本多の家にも祟る気か」

「千姫に祟らば充分。以後、祟りを恐れるならば、この天守に刑部と申す一社を奉られよ」

老女は姿を消した。間もなく忠刻は亡くなったが、安らかな死顔であった。家臣は、もともと病弱な殿ゆえ、と嘆き悲しんだ。しかし、代わって千姫が床に就いた。高熱が続いた。熱が下がったとき、千姫の魂はすでにその体になかった。

松浦静山という人の書いた『甲子夜話』に、こうある。

「姫路城城中に刑部という妖魔あり。城中に久しく棲み、天守櫓の上に居て常に人の入るを嫌う。年に一度、城主のみ是に対面す。その他の人は怖れて登れず。城主対面のとき、その姿形、老婆なりという」

また、一書には、城主に対面するは十二単衣の美女ともある。

ともあれ、現在も姫路城大天守最上層には刑部という社が祭られている。

(2) 織田信長を憎んだ美貌の側室――一乗谷城

〝小少将〟と呼ばれた美貌の側室

越前・一乗谷城は朝倉敏景の築いた城である。

朝倉氏は開化天皇を先祖としている。はじめ日下部氏を名乗り、但馬の朝倉郡に住んだので朝倉氏となった。

建武年間（一三三四～三六）、朝倉広景のとき、足利尊氏に属し、越前に出兵し戦功があった。その恩賞に越前坂井郡をもらい、黒丸城を築いて越前に住み、豪族となった。

六代目、敏景のとき、動乱が起こったのにことよせ、越前の名家、甲斐氏を滅ぼし、越前守護職となった。

黒丸城が一国の守護の城としては狭小になったので、一乗谷に城を築いた。

一乗谷は、中部山脈が越前平野に終わるところの山で、中央に一乗谷川が流れ、右岸の主峰は高さ四百三十六メートルある。これを詰めの城とし山間の細長い盆地に城郭を造った。防備上三区に分かれ、上城戸、城戸の内、下城戸とした。

敏景は名将の誉れ高く、一乗谷の城造りにも彼の武将としての才能がよく現われている。

敏景から五代ののち、朝倉義景は天文二年（一五三三）、一乗谷城で生まれた。すでに戦国の時代だが、越前においての朝倉氏の勢力は揺るぎないものだった。

義景は十五歳で、父孝景が亡くなり、朝倉家を継いだ。

当時の朝倉家は、越前守護という武門の家でありながら、京風なしきたりにならい、華美な生活であった。

義景ははじめ細川晴元の娘を奥方にしたが、間もなく没し、二度目の正室に京の近衛氏の娘を迎えた。しかしこの奥方とは折合いが悪く、間もなく京に帰る。

義景は京の遊女だった高野を愛し、小宰相と名づけ寵愛していたが、のちに美濃の斎藤義龍の娘、芳野をもらい側室とした。

当時、守護職ほどの武将だと、数人の側室がいても不思議ではなかった。

芳野は丸顔というよりは少し瓜実ぎみの顔立ちで、目鼻立ちがくっきりとして色白で、その美貌の噂は近隣に知られていた。奥方にと望む者も多かったが、義景のところに来たのは、織田信長の勢力に対抗するため、斎藤氏と朝倉氏が同盟したためであった。

多少は人質的な意味もあったが、義景は芳野を小少将と名づけ、溺愛し、一乗谷の中でも景勝の地である諏訪の館に住まわせた。

裏切りで落ちた一乗谷城

朝倉義景のところに将軍足利義秋、のちの義昭、が来たのは永禄九年（一五六六）十一月のことである。

先に、義昭の兄、将軍足利義輝が、三好義継と松永久通によって殺されると、出家して奈良一乗院にいた覚慶（足利義昭）は還俗して将軍となるため織田信長を頼りつつ、朝倉義景にも援けを求めていた。

還俗した義昭だったが、兄を殺した三好の兵に襲われ、金ケ崎城に逃れたが、近くには朝倉義景がいたので、彼を頼って一乗谷城に来たのである。

義昭は、義景に自分のため兵を挙げ、京に上るよう頼んでいたが、義景はなかなか腰を上げない。

そのうちに義昭は、小少将芳野の美しさに惹かれ、義景に小少将を譲ってくれれば副将軍にしようと申し入れた。

義景は小少将を溺愛しているので承知しなかった。

そのため義昭と義景の間がまずくなり、やがて義昭は尾張の織田信長を頼って一乗谷城を去った。

この頃から朝倉氏五代の居城だった一乗谷にも暗雲がたち込めはじめる。

勢力を大いに伸ばした織田信長が永禄十一年（一五六八）、足利義昭とともに上洛した。義昭は朝廷より、征夷大将軍の位をもらって、足利幕府を再興した。

信長は朝倉義景にも上洛をすすめたが、義景はこれを断わった。信長の巨大な勢力にも反感があり、将軍になった義昭の信長一辺倒ぶりも気に入らなかったからである。

越前の朝倉と近江の浅井家とは盟約の間柄だが、元亀元年（一五七〇）には、浅井、朝倉の連合軍と、織田・徳川の連合軍が近江姉川で戦った。このとき義景は出陣せず、朝倉景建を大将として一万三千ほどの軍隊を近江に送った。

一乗谷城（いちじょうだに）・諏訪（すわ）館の跡

〝姉川合戦〟は浅井・朝倉軍が大敗する。のち講和ができたが、元亀三年にはふたたび信長が浅井長政の居城、小谷城を攻める。

浅井長政の頼みで義景は一万五千の軍を率いて近江に出陣したが、戦線は小競り合いで義景は一乗谷に退き上げる。

天正元年（一五七三）になり、信長がふたたび小谷城を攻める、という報に義景は、二万の兵を率いて近江に出陣するが、信長の軍に敗れ、わずかな兵とともに一乗谷に逃げ帰った。

さらに信長の軍が一乗谷に来攻するという。

ここで義景は陣容を整えようとしたが、すでに二回もの敗戦で、兵が思うように集まらない。

そこで家族、小少将などを連れ、山田庄六坊というところまで落ちたが、裏切って信長に味方する朝倉景鏡の兵に囲まれ自刃した。が、密かに小少将は腰元を付けて逃れさせた。

小少将の美貌の噂は信長の陣営でも知られていたので、諸将が探したが、彼女は六坊に近い尼寺に入り、尼となった。

小少将の霊が明智光秀に憑いた理由

しかし義景との間にできた愛王丸という男子は捕らえられ、信長の命で斬られた。

その噂を伝え聞いた小少将は悲しみにくれ、尼寺を出ると一乗谷に向かった。

それは無惨な眺めであった。

小京都、とまでいわれた一乗谷の町はすっかり焼き払われていた。

小少将が住んでいた諏訪の館も建物は焼け落ち、諏訪から取り寄せたため、諏訪の石と呼ばれていた庭園の名石が、火に燻ったまま残っていた。

石に腰を下ろした小少将は、義景が残した脇差しを抜くと、自分ののどに当て、一気に突き立てた。

血しぶきの中で、小少将は、

「幼き愛王丸まで殺した信長め、この恨み必ず思い知らせてくれる」

と叫ぶと、息が絶えた。

帰ってきた村人が小少将の死体を発見したのは、数日のちのことだった。

野犬に食い荒らされて無惨な姿だった。

村人は諏訪の石の横に穴を掘って、彼女の亡骸を埋めた。

諏訪の石があたかも墓石のようであった。

しかし小少将の亡霊は、すでにそこにはいなかった。

恨みを晴らすため、信長の側近のところへと飛んで行ったのである。

小少将の亡霊は、乗り移る者を探していた。

そして明智光秀に取り憑いた。

光秀には、小少将も面識があったからである。彼が朝倉家に兵法家として仕えていたとき、義景とともに諏訪の館に来たことがあった。豪勇といった類の兵法家ではなく、鋭いが少々暗い影があった。

小少将が乗り移るには都合のよい人物だったのである。

光秀は朝倉家にしばらく仕官していたが、永禄九年（一五六六）、尾張に出ると織田信長に仕えた。兵法家としては秀れていたのでたちまち数々の戦で手柄を立て、出世していった。

だが、丹波の八上城を攻めたとき、波多野秀治、秀尚兄弟を攻めあぐねた。講和を結び兄弟を安土城の信長のところに送るが、命も本領も安堵（領地をそのまま受け継ぐこと）することを約束した。

この約束を守るため、光秀は母として仕えていた叔母を八上城に人質に出し

朝倉(あさくら)氏の居城であった一乗谷城

た。

ところが、である。安土に着いた波多野兄弟を、あろうことか信長は磔（はりつけ）にして殺してしまった。そこで光秀の叔母も、八上城において城外から見ている光秀の目前で磔にされて殺された。

このことがあって光秀は信長をひどく恨んでいた。

そのほかにも光秀は、信長から数々の辱（はずかし）めを受けていて、その恨み心は大きなものになっていた。

信長の生き身を焼いた火炎の正体

まさに小少将の怨念が乗り移るには都合がいい。

天正十年（一五八二）六月二日、京の桂川（かつら）をおびただしい人馬が渡って行った。目ざすは本能寺である。

羽柴（はしば）秀吉の中国征伐の応援のため、信長は安土を発（た）ち、京に泊まっていた。信長の部将たちは方々で戦っているから、手勢はわずかであった。

京は四条西洞院（しじょうにしのとういん）の本能寺に着いた光秀は、門を打ち破って兵を乱入させた。

戦いは一刻（いっこく）足らずで終わった。

信長は寺に火をかけると、一室で自刃した。このとき光秀に取り憑いていた小少将の怨霊は、光秀を離れると、火炎と化して信長の生き身を焼いた。そして怨霊は信長が黒焦げになるのを見ると、空を飛んで一乗谷、諏訪の石に帰っていった。

現在、一乗谷城の諏訪の館跡に、名石諏訪の石が残っている。

(3) 鬼女さながらだった家康の養女——徳島城

「阿波踊り」の元祖、蜂須賀家政

徳島城はいまでは城山と、その山麓の城郭の一部、堀、石垣、庭園などを残しているが、この城が造られた当時は、標高六十二メートルの亀山(渭山と改称)に本丸を置き、その山麓に二の丸、三の丸を配し、吉野川はじめ、助任川、福島川、寺島川、鮎喰川、園瀬川などの諸川が城郭を囲み、その景色は中国の名勝、渭水に似ているといわれた美しい城であった。

城を造ったのは蜂須賀家政である。この家政の父が、のちに豊臣秀吉となった木下藤吉郎の仲間、蜂須賀小六正勝である。

小六と俗称で呼ばれ、野武士の親方であったといわれるが、必ずしもそうではなく、もともと尾張の小豪族だったが、小六のとき犬山城の織田信清に属していた。のち美濃の斎藤道三に仕え、さらに主君を織田信長に代えた。こんなことから野武士の異名が出たのだが、戦国では主君を代えることも、小豪族の間では多かった。

木下藤吉郎に仕えてからは、信頼されてたびたびの戦功を挙げている。戦いに当たって常に奇策を用い、縦横の働きをした。天正九年（一五八一）には播州竜野城主となった。天正十四年、大坂で亡くなった。

その子家政も、父とともに織田信長、木下藤吉郎に仕えたが戦功あり、四国征伐ののち天正十三年には阿波一国、十八万六千石をもらった。はじめ阿波一宮城に入ったが、城地狭小のため、新しく徳島城、別名、渭山城を築いた。

日本の祭りの中でも、とくに名を知られた「阿波踊り」のはじまりは、徳島城が完成した祝いのとき、家政が城下の領民にも祝酒を与えたところ、皆が酒に酔って祝いの踊りを座興で踊ったところ、家政の気に入り、それが毎年開かれるようになった。これがいまに伝わっている。

徳島藩二代目の至鎮は大坂の陣ののち、淡路国を加封され、その石高は二十五万七千石となった。

ところが元和六年（一六二〇）、至鎮が三十五歳で急死した。

その死があまりに突然だったので、つぎに述べるような因縁話がいまに伝わっている……。

みるみる黒くなった毒見用の錫の杯

至鎮は祖父の正勝、父の家政の血を受けて勇将として知られた。さらに家伝の奇計、謀略の戦術にも通じている。

徳川幕府は二代目将軍秀忠の代になっているが、幕府としては豊臣にゆかりのある大名に対しては、できるかぎり難くせをつけ改易や、断絶に追い込む政策をかかげていた。ために外様大名の中で取り潰しになった者は数多かった。当然、至鎮も狙われた。しかし、至鎮にはこれという落ち度がなかったために、なんと至鎮に対する毒殺が計画された。

至鎮の奥方は、家康の養女、氏姫である。

実は小笠原秀政の娘だが、この時代は政略のため、家康が養女として、娘分で嫁がせることがあった。

氏姫もその一人である。

家康の養女、将軍秀忠の義妹、ということで安心しきっている至鎮に、氏姫の

「阿波（あわ）踊り」発祥の地でもある徳島城跡

付き人が毒を盛った。

折りから徳島城の庭園には、梅の花が開きはじめていた。

この庭は廻遊泉水と枯山水を合わせたもので、加増の祝いのため至鎮が新しく造営したものである。

芝生の上に緋の毛氈を敷き、酒杯を重ねていた至鎮が急に激しい吐き気に襲われて顔色が青くなった。

食べ物が当たったか、と至鎮はそのとき思ったが、胃が焼けるように熱い。

側近の家来に、赤い漆塗りの杯に注がれた酒を毒見用の錫の杯に移させると、見る見る錫が黒くなった。至鎮は、

「しまった。まさかと思ったが、ついに一服盛られたか」

と思ったが、すでに医師の手当ても間に合わないだろう、と立ち上がると、泉水にかかった一枚岩の橋の上で、口惜しまぎれに「地団駄」を踏んだ。

すると大きな岩の橋が真中から折れ、池の中に落ちた。至鎮は口から血を吐き、奥方の氏姫の顔を睨みつけながら池に落ち、息絶えた。

驚き、悲しみに打たれた様子を装い、氏姫は急遽、御殿に引き上げたが、心の中で万事うまくいったとほくそ笑んでいた。

至鎮の怨念は、池にとどまった。が、やがて新しい石の橋が掛け替えられると、この石橋に宿り、復讐の機会を待っていた。

妻に毒殺された至鎮の無念

徳川幕府は、蜂須賀家を、至鎮の急死に事寄せて改易するつもりだったが、至鎮の子、忠英が九歳になっていた。氏姫の子だから、夫を毒殺する鬼女でも、わが子は可愛い。

土井利勝に多額の金を送って執りなしを頼んだ。秀忠も義妹のことでもあり、旧領をそのままとし、忠英に二十五万七千石を継がせた。

氏姫は忠英に後見をつけて、自分は江戸に帰るつもりだったが、秀忠は徳島にとどまって、藩を監視し、重臣たちの不穏な動きがあれば報告、忠英の補佐をするように命じた。

これから氏姫の苦しみがはじまる。

まず、至鎮に毒を飲ませるため、毒薬を調合した医師が、吉野川から水死体で発見されたが、その顔は凄まじい形相であった。

毒を銚子に入れた氏姫の腰元が、至鎮が地団駄を踏んだ橋の下で水死体で見つかったが、なぜ池に落ちたか不明であり、その顔には獣(けもの)にでも襲われたような傷跡があり、目は恐怖に見開かれたままだった。

そのほかにも毒殺に加担した者たちが次々に変死していった。

氏姫は、毎夜のように至鎮の亡霊に悩まされた。

口から血を吐きながら、恐ろしい形相で氏姫の枕元に立つのである。これが毎夜のことなので氏姫は日に日に衰え、得体の知れない病(やまい)で床についてしまった。ただやっと生きているだけである。


戦後、復興された〝地団駄橋〟


ところが、蜂須賀家にも忠臣はいた。

至鎮の死因を毒殺と見破って、なんとか無念を晴らしたいと考えたが、すでに毒殺にかかわった医師や女中は変死している。張本人らしい氏姫も病の床についている。

この上は幕府に一矢(いっし)を報いたいところだが、下手(へた)に至鎮毒殺を騒ぎ立てると、逆に蜂須賀家取り潰しの口実にもなりかねない。数十の重臣が集まって思案して

徳島城内の庭園に架かる〝地団駄橋(じだんだばし)〟

いたが、中に益田豊後、長谷川越前、阿比古左馬助という者があり、密かに幕府に毒殺の件を訴えた。

この三人、もともと阿波の地侍で小豪族たちだが、蜂須賀家の治政を心よく思わず、お家の転覆を計ったのである。

これには幕府重役の土井利勝も、大目付も困った。はじめは蜂須賀家を潰すつもりであったが、氏姫からの懇願もあり、存続させることになったのだが、蜂須賀家の家来から訴えがあったとなれば、ことはめんどうである。

まだ三人の者の訴えが公訴ではなかったので、さし当たって三人を江戸に軟禁した。

毒殺の件を取り上げて、万が一にも幕府が関与したという風聞でも立てば大事になる……、三人の狙いはそのあたりにもあったようだ。

この軟禁は数年間続いたが、正保三年（一六四六）になって、

「故なきことをお上に訴え、不届きである。身柄は蜂須賀家に下げ渡す」

と沙汰があって、阿波に護送された。

藩主の忠英は、首謀者の益田豊後を磔刑とし、他の二人を所領没収の上、流罪にした。

この頃になると忠英も、父至鎮の死因をそれとなく知り、父の無念を慰めるために、庭園の地団駄橋の近くに小さい社を建て、亡霊を弔った。

それ以降、徳島城内において変事はなくなったが、至鎮の怨霊も、社に移り、わが子を見守ることになったのである。

氏姫もその頃から、やや快方に向かい、やがて髪を下ろして尼となった。敬台院と称した。

寛文六年（一六六六）に亡くなったが、齢七十五であった。

徳島城の建造物は明治になって壊されたが、鷲の門という城門が残っていた。これも太平洋戦争の戦火で焼失した。

現在の庭園は戦後、復興されたものだが、〝地団駄橋〟という石橋も造られている。

(4) 〝人柱(ひとばしら)〟の祟(たた)りに揺らぐ天守――松江城

生き埋めにされた美女の怨念

新しい城主が入国して、城造りがはじまったが、領民は厳しい年貢の取り立てや、城造りの賦役(ふえき)で疲れていた。

そんなとき、中止されていた夏の盆祭りが許された。領民たちは久しぶりに華(はな)やいだ気分になっていた。しかしこの盆祭りには、築城奉行の恐ろしい企(たくら)みがあった……。

城の築城工事が予想外に難航していた。城地の地盤が弱く、天守台の石積みがうまくいかない。石工がどんな工夫をしても崩れるのである。

築城奉行・堀尾忠兵衛(ほりおちゆうべえ)は、昔からの言い伝えどおり、天守台の下に人柱(ひとばしら)を埋めることを思いついた。

城下を通りかかった山伏に、工事進行の促進と安全を祈禱させると称してこれを城地に連れ、用意してあった祭壇の下の穴に生き埋めにしたが効果がなかった。

築城奉行は、それならばと、人柱に若い美しい女を立てようと思いついた。

その人柱探しに盆踊りが開かれたのである。

城内の広場に集まった領民の老若男女は、かがり火や、太鼓の音、歌声などに浮かれていた。

堀尾忠兵衛は幕を張った中から、盆踊りを楽しむ領民たちをうかがっていた。

領民たちの盆踊りが佳境に入った頃、太鼓を打つために造った井楼の上に、一人の乙女が上ると歌をうたいはじめた。美声であった。その娘はお松という近郷の村の娘であった。近隣に知れた美女であった。

忠兵衛の視線は、その乙女に釘づけとなった……。

翌日、忠兵衛は配下の者をやって、城の奥女中にとお松の両親に金を与えると、お松を城内に連れてこさせた。

お松は奥女中にしてもらえるものと喜んでいたが、それにしては様子がおかしい。

牢(ろう)というほどではないが、城内の仮小屋のような粗末な小屋に入れられた。三度の食事は搬(はこ)ばれるが、隣りの部屋には祭壇のようなものがあり、七人の山伏たちが日夜、祈禱(きとう)を行なっている。

四、五日も過ぎた頃、夜半にお松は山伏たちに連れられて、工事中の城の天守台までやってきた。

満月の夜である。工事中のため城内には人影もない。

月明かりで見ると、未完成の石垣の真中に穴が掘られているのがわかった。そこで初めてお松は、自分が人柱にされ、生き埋めになることを知った。

泣いて許しを乞(こ)うたが、どうしても人柱にされることがわかるとお松は言った。

「何の罪もない者を、いくら城のためと言いながら人柱にするとはあまりにも非道……。この恨み、必ず晴らさでおくものか」

お松は掘った穴に立ったまま入れられて、上から土をかけられた。しばらくは悲鳴のような声が土の中から聞こえていたが、やがて静かになった。

人柱のせいか、その後、天守台の石積みはうまくいき、やがて松江城天守は完成した。

松江城周囲のお堀

なぜ人柱を立てるのか

松江城は慶長五年（一六〇〇）関ケ原の戦功により、堀尾吉晴が、浜松十二万石から、出雲二十四万石に加増、移封されたのち造った城である。

吉晴は、はじめ尼子氏の旧城であった月山城に入ったが、山城であり、城下町経営には狭小なところから、新しく城地を宍道湖畔の亀田山に選び準備をしたが、本格的に工事を起こしたのは慶長十二年（一六〇七）であった。

亀田山は湖にのぞむ小丘で、ここに本丸を置き、丘麓に二の丸、三の丸、そして城下町という構想であった。当時は亀田山のすぐ北は湖面だから外堀を兼ね、かつ水軍の船入り場なども造れるので、実戦にも領国の統治にも都合のよい縄張り（城の設計）であった。

工事が進むにつれ、問題が起こった。

本丸として構築される亀田山の地盤があまり強くなく、天守台の石垣やその上に建てる五層の天守の荷重に耐えそうもないのである。

いまなら鉄筋コンクリートの柱を何本も打って基礎を固めるとか、いろいろ方法があるが、当時はそのような工法はない。

そこで考えられたのが人柱である。

古くから「人柱を立てる」という言葉がある。これは生きた人間を立ち姿のまま生き埋めにすることである。普通は死者を埋めるとき、横にしたり、あるいはかがんだ姿で埋めるが、人柱は立った姿である。

もともと人柱は、城の工事のために考えられたものではなかった。

もとはと言えば、天変地異に対する生贄として考えられたものであった。地震、洪水、旱魃、嵐などは、人間の行ないに怒った神が荒れ狂うからであると信じられ、神の怒りを鎮める方法として生贄＝人柱が考え出されたのである。

そして、この考えがしだいに、大工事などが思うように進まないときにも当てはめられるようになった。

城造りの際には、普請、すなわち土木工事が難航したときにも人柱が立てられるようになったという。

人柱の伝説は松江城のほかにも、鳥取城、大洲城、郡上八幡城、丸岡城などにもあり、人柱によって築城が滞りなく進んだといわれている。

堀尾、京極両家の断絶を生んだお松の祟り

松江城もお松の人柱のせいか、天守台、天守も竣工し、慶長十六年（一六一

一）には完成した。

城主堀尾吉晴も築城奉行・堀尾忠兵衛も喜んで、その年の夏、城内本丸天守下の庭園の門を開いて領民を入れ、城の完成祝いを兼ねた盆踊りを催した。

領民はめったにない城内の、しかも本丸にまで入れるので、大喜びで多くの者が集まった。

城主から酒や餅をふるまわれて、皆が楽しんでいたが、折りからの満月が雲に隠れると、一陣の風が吹き起こり、にわかにかがり火が消えてしまった。漆黒の闇の中から突然、不気味な女の悲鳴が聞こえると、天守の廻りを一つの人魂が飛び走り、天守が異様な、人々の心を凍らせるような奇妙な音を立てながら、大きく揺らいだ。

恐ろしさのあまり立ちすくんでいる人々を、突然の激しい雷鳴がさらに驚かせた。皆、城内から逃げ出し、自分の家に戸口から飛び込んだ。

やがて領民は、あのとき城の天守が揺れたのは、人柱になったお松の祟りで、生き埋めにされたお松の怨霊が天守に宿っているのだと噂した。

お松の祟りはそれだけではなかった。

天守が揺らいで間もなく城主・堀尾吉晴が急死した。

〝人柱〟の伝説が残る松江城

吉晴の嗣子・忠氏は先に亡くなっていたので、その子忠晴が継いだが、嗣子に恵まれず三十五歳で亡くなり、堀尾家は断絶した。

これもみなお松の怨霊の仕業と噂された。

しかしお松の怨みはよほど深かったと見えて、それのみにとどまらなかった。堀尾家断絶ののち寛永十一年（一六三四）、松江には京極忠高が封ぜられた。ところが忠高も世嗣ぎがなく、四十五歳で急死すると、京極家も断絶した。

世嗣ぎがない場合、あらかじめ養子の届けを幕府に出しておけば断絶はまぬがれるのだが、堀尾、京極、両家の二代つづいての断絶は、松江城天守台下に怨霊として棲みつづけるお松の祟りだったのであろうか。

寛永十五年（一六三八）、松江城に十八万六千石で松平直政が入った。

直政が城内の見廻りで、天守に登ると、たちまち一人の美女が現われた。この世の者とは思えない妖しい美しさである。

直政はあわてず、

「そのほうは何者」

と問うた。

「名はお松、この城は妾の城、ただちに去れ、さもなくばそなたは急死、お家は断絶する」

と言う。直政は、

「鰶（このしろ）が欲しくば、湖からとらせて進ぜよう」

と答えると、美女はかき消すようにいなくなった。

直政は、美女の呪いの言葉に対し、「この城」を魚の「鰶」にすり替えはぐらかしたものの、お松人柱の話は聞き及んでいたので、城内の荒神櫓（こうじんやぐら）を、鰶櫓（このしろやぐら）と改名してここに社（やしろ）を祭り、お松の霊を手厚く祀（まつ）った。

それ以降、松江城に変事は起こらず、松平家も、十代、百三十四年間安泰で明治維新を迎えた。

鰶櫓は明治になって、天守以外の城の建物が老朽（ろうきゅう）化して壊されたとき、解体されてしまった。

(5) 血を何よりも好んだ〝傾国の美女〟——福井城

幕府の恩賞に不満を唱えた徳川忠直

結城秀康は徳川家康の二男である。

長男の信康はいろいろないきさつで早く死んだから、秀康は実際には長男のようなものであったが、豊臣秀吉の養子となり、のち結城家を嗣いだので、弟の秀忠が将軍となった。

そんな事情もあったので家康は、秀康を越前に封じ、六十八万石の大守とした。しかし秀康は自分が将軍になれなかったこともあり、何かと不満があった。

越前には慶長六年(一六〇一)に入った。

まだ大坂に在った豊臣秀頼に秀康が同情的なのが、家康には気がかりだったという。

慶長六年、入封のときはかつて柴田勝家のいた北ノ庄城を改修する予定だったが、落城した城を嫌い、新しく城地を選び、築城の工事を起こした。はじめは家康も城造りに大いに助役したが、慶長十一年（一六〇六）城が完成する頃には、家康の側近が、

「秀康公は、大坂の秀頼とは義兄弟だった縁もあり、万一、徳川と豊臣、お手切れ（開戦）のときは、不穏のことなどあると一大事」

などと言い出したので、秀康の処置を重臣たちにまかせた。

その城は完成すると、北ノ庄から福居と改称された。六十八万石の大守の居城にふさわしい規模の大きな平城で、本丸を中心として二の丸、三の丸があり、本丸に五層の天守、そして壮麗な御殿が造られた。

慶長十二年四月、秀康は、御殿に植えられた桜を見る宴を開いた。

宴の半ば頃、江戸から送られてきた安姫という側室の酌で杯を上げていた秀康が、突然血を吐いて倒れた。

床に就いた秀康は、夜半に息を引きとった。三十四歳であった。

表向きは急病にて他界、ということになったが、側室の安姫が家康の命で毒を盛ったという噂が流れた。そして安姫も何者かの手にかかって暗殺される。真相

は消されてしまった。

秀康の嫡子、忠直が家督を継いだが、まだ十三歳であった。

江戸にいた忠直が越前の自分の所領に入ったのは翌年のことだが、政治は重臣たちにまかされた。

元和元年（一六一五）、忠直が二十歳のとき、大坂の役が起こり、越前勢を率いて出陣した。殿様も若く、若い侍たちも大いに頑張った。その戦功に家康もたいそう喜んだが、その恩賞は少なかった。

家来たちには適当に恩賞を与えたが、家康や秀忠、幕府のやり方に忠直は不満であった。成長したのち側近から聞いた話では、父・秀康の死についても疑問がある。

幕府にはおのずから反抗的になった。

それを知った幕府の重臣、土井利勝らはまたも謀りごとをめぐらした。

「首斬りが見たい」——一国女の願い

忠直は父に似て気性の激しいところがある。その上、当時の大藩の当主は、男子の世嗣ぎを何人も得るために側室を数人置くのが慣しであった。当然のことな

〝傾国の美姫（びき）〟に城主を殺された福井城跡

がら側室は美女がよい。

すでに潜入させてあった隠密で、側近になっていた者に、美人画を忠直の目に入るようにさせた。そして江戸で仕込まれた美女を一名、福居城下に送り、大きな呉服問屋の娘とした。

ある日、忠直が城下を通っていると、先日見た美人画そっくりの女が商家の店先にいる。

言うまでもなく、側近の者がそのように策謀したのだが、忠直はその娘を懇望した。商家の主人は渋るふうを装いながら、大枚を受け取って娘を城に差し出した。

忠直は彼女に一国女、という名を与えた。一国を替えても惜しくない、というほどの愛称である。

中国に〝傾国の美姫〟という言葉がある。一国の君主が国を傾けるほどの美女という意味で、八世紀、唐の玄宗皇帝に愛された皇妃、楊貴妃はまさに傾国の美女であった。

一国女も、忠直にとっては楊貴妃に優るものであった。

忠直の寵愛をほしいままにした一国女は、やがて本来の役目を果たしはじめる。

あるとき、一国女は人が殺されるところをまだ見たことがないので見たい、という。

忠直は役人に命じて死罪にする者を、御殿の庭に連れてこさせ、首斬人に命じて首を打たせた。

すると一国女は、首が飛び、胴体が血を吹いて倒れるのが面白い、と言って喜んだ。

次には死罪の者を、磔（はりつけ）にして殺した。

その次は釜茹（ゆ）での刑、と次々に殺したので、城内の牢には死罪の罪人がいなくなった。そこで町屋の牢にいる者を連れてきたが、これもやがて死罪に値する罪人がいなくなった。死罪よりは少し軽い罪の者も、繰り上げて殺すよう、忠直の側近がすすめた。

あるとき、妊（はら）み女（め）で、亭主を殺した者があった。

この頃、一国女が罪人を目の前で殺させて喜んでいる、という噂がすでに家中に広がったので、一国女に取り入ろうとする奸臣（かんしん）が、忠直と一国女を自分の屋敷に招いた。

庭に面した部屋で酒宴となったが、そのたけなわの頃、庭に大臼（おおうす）が置かれ、一人の妊み女が連れ出された。

全裸のまま縛られて、その大臼の中に入れられた。そこへ一人の大男が大きな杵（きね）を持って現われると、忠直と一国女のほうに一礼し、その杵で臼の中の女の頭を軽く打った。妊み女は失神したが、次に大杵を振り上げると妊み女の腹を力まかせについた。

すると腹が破れ、赤子が飛び出して庭に落ちた。

本当は一国女も、もう残酷な人殺しには飽（あ）き飽きしていたのだが、これも任務のうち、と吐き気をもよおしながらも、黄色い声を張り上げて喜ぶふうを装った。

美貌のかけらもなかった死体

こんなことがあってから、忠直は手のつけられない暴君であり、一国女の歓心を買うため、罪人はおろか、罪のない者まで慰（なぐさ）みに殺す、という噂が越前の国のみならず、近隣諸国に広がった。

それだけではない。忠直と一国女に殺された者たちの怨念が、福居の城内をさ

惨殺された人々の怨念が今も漂う福井城跡

まよい、変事が続出した。

幕府はもう充分に、忠直を暴君に仕立てる口実が整ったので、元和九年（一六二三）、忠直が二十八歳のとき、悪業多く、治政が定まらないとの理由で豊後萩原(ぶんごはぎわら)に配流(はいる)となった。

一国女は役目を終わって江戸に帰る準備を密かにしていた。忠直の配流が決まって出発したあと、宿下りして商家に帰っていた。

ところがある夜、この商家に盗賊が入った。不思議なことに何千かの金子(きんす)を奪ったのみで、金蔵には手をつけず、一国女をさらって逃げた。

翌日、一国女の死体が城下の一乗寺(いちじょうじ)という寺に投げ込まれ、弔(とむら)い料の金子が添えてあった。

一国女の死体は一刀のもとに袈裟(けさ)掛けに斬られ、即死だったにもかかわらず、その顔は評判の美貌も消え失せ、恐怖に見開いたままの目からは血が流れていた。人々は彼女が殺させた多くの亡霊が死の直前に現われたため、恐ろしさのあまりそのような顔になったにちがいないと噂した。

やがて江戸の土井利勝のところに、忠直の側近として住み込んでいた隠密が現われると、役目が終わった旨を言上(ごんじょう)した。

忠直卿の悪業は、はたして徳川幕府の政策によって作られたものだったのであろうか。

権力が権力を守ろうとするとき、人を大きな力が押し流す。

しかし、その犠牲になった人々の怨念は、必ずその怨みを晴らすべく、さまよう。

記録では、平和のうちに死んでいった将軍秀忠や、謀臣土井利勝の死にまつわる悲惨な真実の話は、すべて揉み消されて伝わってはいない。

3

暴君に虐殺された人々の呪い

——原城・宇都宮城・松山城・岡山城

(1) 虐殺された切支丹(キリシタン)の怨(うら)み——原城(はら)(島原)

三万人が虐殺された〝島原(しまばら)の乱〟

語り継がれた話によれば、それはまさに地獄絵そのものであった。

もともと農民と町人がほとんどを占める集団である。弾薬も充分に用意されていたわけではなかった。数の知れた火縄(ひなわ)銃も弾薬が尽き、もう撃つこともできぬ。刀にしても槍にしても充分な数ではなかったし、農民や町人では、侍のように熟練して使える者もいない。はじめは数を頼みに籠城(ろうじょう)した一揆(いっき)軍ではあったが、すでに終わりのときが来ていた……。

寛永(かんえい)十五年(一六三八)三月二十七日、九州肥前(ひぜん)の原城(はらじょう)は落城した。すでに城内は戦いの場ではなく、一方的な大量殺戮(さつりく)の地獄絵を現出していた。

すでに傷ついて無抵抗に近い者、泣き叫ぶ女子供を、城攻めの兵や足軽たちは刀や槍を振るって一人残らず殺していった。

十字を切る負傷者を、侍が据物斬りでもするように頭から唐竹割りに斬っていった。

幼児が空に投げ上げられ、地上に落ちる寸前に斬られたり、槍で串刺しにされていた。

強姦されて殺されている女の死体も、無残に斬り裂かれていた。

あらゆる残虐が炎上する建物の炎に映し出されていた。

このとき原城内で殺された者は三万五千人とも三万七千人ともいわれている。

戦いが終わって、濠のなかに隠れていた女子供や負傷者が発見された。

彼らに対しては火焙りの刑、水漬けの刑、釜茹での刑など、残酷な処刑が次々と行なわれた。

原城内の全員を殺すのに一昼夜、さらに朝から夜半まで二日間かかったという。

日本史上、著名な〝島原の乱〟は、血煙によって幕を閉じた。

日本の戦史上、落城の際の皆殺しという例は、それほどは多くない。原城落城で一人の生存者もなく皆殺しが行なわれたのは、城攻めの軍にも戦死者、負傷者が多く、城の籠城軍に対して憎しみが強かったことと、生き残った者も切支丹を改宗することを拒んだためだったが、中には切支丹でない者もいたのだ。

三万人余の死体は、そのまま空堀の中に投げ込まれたが、あまりの多さにどの堀も死体で埋まってしまった。

死体は野犬やカラスに食べられ、あるいは腐って、その悪臭は原城に近い十数カ村に及んだ。

奇蹟を起こしたキリシタン天草四郎

では、島原の乱はなぜ起きたのだろうか。

徳川家康が江戸幕府を開いた頃、家康は幕府の財政、経済的基礎を造る方策の一つとして海外との通商を計った。そのために切支丹信仰と布教を黙認したのである。

ところがこの切支丹、同じキリスト教ながらカソリック、すなわち旧教の一派だから、オランダ人やイギリス人のプロテスタント派、新教とは仇敵のような間柄である。そこでオランダ人が家康はじめ幕府の重臣に、

原城・天草四郎像

「カソリックの切支丹は、布教してその国を教化し、本国の属領にしてしまう目的である」

と盛んに中傷した。

フィリピンその他の実例があることだから、家康も信じ、幕府は慶長十七年（一六一二）、キリシタン禁教令を出し、信者には改宗をさせ、従わない者には処刑などの極刑をもってのぞんだ。

寛永十四年（一六三七）の秋になると、島原地方の隠れ切支丹への激しい弾圧に対する反発と、折りから三年続きの凶作と領主松倉勝家のきびしい年貢の取立てに生命さえ脅かされた農民が、さらに信徒の浪人などと一緒になって肥後の天草島を巻き込み、一揆を起こした。

当時、捕らえられた宣教師や切支丹信徒に対する拷問や処刑は凄まじかった。火焙り、水漬けや、若い娘を裸にして穴吊りにしたり、果ては雲仙嶽の熱湯地獄に投げ込んだりした。

とくに農民に対しては水牢ならまだいいほうで、ミノ踊りと称し、蓑を着せて火を点け、焼き殺した。

このような極端な圧政の折りに現われた一人の人物があった。

天草四郎である。

彼についてはさまざまな伝説があるが、一書によれば、関ケ原の戦いで滅びた大名で、熱心な切支丹だった小西行長の家臣益田好次という者の子であるという。

生まれたのは元和六年（一六二〇）頃で、天草の乱、といわれた一揆の頃、十六歳であった。幼時から神童といわれ、長崎に出て学問をした。四郎は切支丹の洗礼を受け、名をジェロニモといった。

本名は益田四郎時貞だが、その名が高くなったのは天草の乱の少し前のことである。

四郎が手をさしのべると、空から鳩が舞い下り掌に卵を産み、卵には切支丹の経文が書かれていた。また藤の木に触れるとにわかに花が咲いたなどの奇蹟を行ない、難病に苦しむ病人も四郎が手を触れるとたちどころに治った――といった噂がこの地方に拡まった。

一説には、小西家が滅亡したのち、浪人した者たち何人かが、天草四郎をデウスの使い、救世主として仕立てるため、南蛮の奇術を応用させたのだともいう。

いずれにしても折りからの一揆に、益田四郎は担ぎ出され、首領とされたのである。天性の美少年であったことも人々の信望を集めた。

一揆を支えた原城跡の地形

一揆の火の手は島原半島の口ノ津村というところから上がった。たちまちにその勢いは強くなり、島原半島の村々に及んだので、代官たちは島原城に逃げ込んだ。

領主松倉勝家は江戸に在ったが、家老たちは城に籠って一揆軍と戦った。一揆軍は島原城下に押し寄せ、寺院に火をつけ、民家や侍屋敷を焼き払った。島原城は大手門まで破られたが、城内の侍も必死に防戦したため、城を落とすことはできなかった。

そうこうしているうちに、松倉藩周辺の肥後細川家、佐賀鍋島家でも軍備を整え、国境を固めた。

しかし、一揆が起こったという知らせが、豊後府内（大分）の幕府の目付から大坂城代阿部正次のところに届いたのは、一揆発生から十日ののちであった。

一揆はそのときすでに天草島全島にまで拡がって、島の西端にある富岡城も一揆軍の攻撃を受け落城寸前だったが、このとき幕府の命で援軍が到着するとの知らせが入り、一揆軍はこれを迎え討つため、島原半島の南端、原の古城跡に立て籠ることになった。

原城はこのとき廃城になっていて城跡のみ残っていた。

原城のはじまりは明応五年（一四九六）の頃、この地方の領主で日之江城にいた有馬貴純が支城として築いたもので、有馬城とも日暮城とも呼ばれ、やがて有馬氏の本城となって大規模な改築工事が行なわれた。

キリシタン大名だった有馬氏は、晴信のとき岡本大八事件という不祥事があり、甲州・都留に配流となり、元和二年（一六一六）、松倉重政が入城した。が、まもなく松倉重政は島原城を築いてここに入ったので、原城は廃城になっていた。

一揆は益田四郎時貞、すなわち天草四郎を首領として原城に入ると、城跡の堀を掘り起こし、土塁を高く築いて防備を固めた。

三方を海に囲まれ、一方が陸続き、地形的にも堅固なこの城は三万余の人数を収容する広さもあり、たちまちに土木工事を行ない堅城となった。

切支丹、農民の持ち寄った食糧の他に、松倉家から奪った米が五百石余りあった。

切支丹、農民の武器はお粗末だったが、浪人たちは鉄砲、刀、槍、弓などを持ち、また島原城や富岡城から奪った武器もあった。

一揆軍の士気は天草四郎を中心として盛んだった。

長い間、消えなかった死者の悪臭

初戦では城攻めにかかった板倉重昌（いたくらしげまさ）が、戦を急ぐあまりに城壁を登ろうとして、城内からの狙撃で戦死した。このとき多くの将兵が戦死した。

この敗戦に幕府の連合軍は、城攻めの戦術を正攻法から種々の戦法に替えた。釣井楼（つりせいろう）という物見櫓（ものみやぐら）を作ったり、石火矢を打ちかけたり、金掘人夫を使って坑道を掘り、穴攻めもこころみた。

さらに平戸（ひらど）のオランダ商館に頼み、オランダの船で海上から大砲攻撃を加えたりした。

しかし十二月からはじまった原城攻めは、年を越し、二月になると城の食糧が不足してきた。弾薬も少なくなる。

攻城軍は投降するように呼びかけた。もちろん降伏しても助けるつもりはなかったが、味方の損害を少なくする方策だった。

虐殺された切支丹を慰霊する〝ほねかみ地蔵〟

三月二十七日からの総攻撃は二日間、続いた。

ついに城内に攻め入った幕府軍は、きわめて残虐な殺戮を行なったのである。

死者の悪臭がいつまでも消えない原城には誰も近づかなかった。

しかしおびただしい亡者が、夜な夜な城跡で泣き叫ぶ断末魔の声が、近くの村々にまで聞こえた。

それのみではなかった。亡者たちは原城から出て行き攻城軍側に寝返った者たちにも祟った。また、とくに残忍な殺人を行なった者たちを探し出し、これに祟った。それらの人は不可解な、あるいは悲惨な死に方をしたという。

原城三万余人の死体は風雨にさらされ、いつの間にか白骨となった。

しかし近隣の人々は長い間、殺された人々の霊を恐れ、原城跡にはけっして近づかなかった。

天草四郎の消息については、さまざまな説がある。たとえば、落城のとき、すでに影武者が四人いて、彼らはすべて殺されたが、首実検をしても本当の四郎を判別することができなかったという。また、四郎が落城に先立ち、城から海に逃れ、用意した小舟で、南蛮船にたどり着き、呂宋（フィリピン）に逃れたと言う者もいた。

後世になって、心ある人々が原城跡の白骨を集めて、小さい地蔵を立てた。その地蔵がいま原城跡に残る「ほねかみ地蔵」のもとであるという。

(2) 宇都宮・釣天井裏の死体――宇都宮城

将軍秀忠の勘気を蒙った本多正純

宇都宮城は、藤原北家に属する藤原宗円が康平六年（一〇六三）、下野守となり築城した。そののち宗円は、姓を宇都宮と改めた。

宗円より二十二代目の宇都宮国綱は、慶長二年（一五九七）、太閤秀吉の咎めを受け、下野から追放された。五百年余りも続いた宇都宮氏は、このとき本拠を失ったのである。

本多正純が宇都宮城に十五万五千石で入ったのは元和五年（一六一九）であった。それまで正純は小山三万三千石だったが、この加増移封は、先に亡くなった家康の遺言であったという。

本多正純は徳川譜代の臣である。

永禄八年（一五六五）、三河で生まれた。父は正信、家康の謀臣であり、正純も幼時から家康に仕えた。この正純、天正十年（一五八二）頃には奉行をつとめたというから、家康の信任は厚かったのだろう。多くの戦にも参加したが、家康が将軍職を秀忠に譲り、駿府に移ると、家康に従い側近として仕えた。

家康の死後、秀忠に仕えたが、宇都宮城に入って三年後の元和八年（一六二二）、突如として秀忠の勘気を蒙り、出羽の由利（秋田県）に配流された。

その突然の配流には人々も驚いた。

そのとき、次のような噂がまことしやかに流れたのである。

本多正純が、宇都宮城に御殿を新築したが、これに釣天井を造り、日光参詣の将軍秀忠がここに泊まったとき天井を落として暗殺しようとした、というのである。

実はこの釣天井には、驚くべき陰謀が隠されていたのである。

加納の方の故なき怒り

奥平信昌（はじめは定昌）は、三河国奥平、作手の豪族だった。甲斐・武田氏の被官だったが、のち家康に仕え、長篠城を守っているとき、信玄の子、武田勝頼の来襲を受けた。〝長篠の戦い〟である。信昌は家康、織田信長の救援を受け、城を守り抜いている。

余談になるが、このとき信長は馬防柵と鉄砲、という新戦術で勝頼の騎馬軍団を破り、やがて武田家を滅亡に追い込むことになる。

信昌はまた、関ケ原の戦功で、美濃・加納に十万石をもらい、この地で亡くなっている。

この信昌、最初の奥方を武田勝頼に人質として出していたが、信昌が徳川方についたため、怒った勝頼は信昌の奥方を磔にしてしまった。そこで家康は、長女の亀姫を信昌の奥方として嫁がせた。信昌の死後、亀姫は尼となって盛徳院と称したが、以前に加納城に在ったので加納の方、とも呼ばれた。

信昌と亀姫の間に生まれた家昌は、二代将軍秀忠とは叔父と甥の間柄で、上田城攻めに従った。慶長六年（一六〇一）には宇都宮城に十万石をもらって入封した。このとき、母の亀姫、加納の方も宇都宮に入る。

ところが慶長十九年（一六一四）、家昌は三十八歳の若さで急死した。その子忠昌はわずかに七歳であり、宇都宮十万石の城主としては若すぎるので祖母の加納の方や、将軍秀忠から遣わされた補佐役が藩政を行なった。

徳川家康の霊廟(れいびょう)として知られる日光東照宮の五重塔

元和三年（一六一七）四月十五日、秀忠が日光東照宮に参詣したときは、宇都宮城内に宿泊した。

元和五年十月になって、幕府から奥平忠昌に、宇都宮から古河に移封せよとの命が届いた。石高は一万石加増して十一万石である。古河は宇都宮より江戸に近く、かつて古河公方の館もあった土地柄なので栄転なのだが、加納の方としては、わが子家昌が亡くなった宇都宮を去りたくない。女心に、これは誰かの陰謀ではと疑った。

加納の方は、宇都宮城に代わって入る者が本多正純と聞いて、これは正純の企みにちがいないと思い込んだ。

正純が宇都宮城に入ったとき加納の方はまだ城内にいて、城付きの武器はもとより備付米、家具の類いまで、一物も残さず古河に移すように指図していた。

江戸時代の大名の転封では、私財は運ぶが、城付きの物と定められた武器、糧米、家具は代わった大名に引き継ぐのが慣わしであった。

加納の方の無法ぶりに正純もさすがに腹を立てて抗議した。加納の方は家康の娘、将軍秀忠の姉であったため、正純ごとき徳川の臣下に、という意識がある上に、正純に故ない恨みを抱いている。強引に一物も残さず持ち去ってしまった。

仕方なく正純は、城備え付けの武器を調達しなければならなかった。弓、矢、鉄砲などだが、鉄砲は堺の鉄砲鍛冶に造らせた。これがのちに問題になる。

また加納の方は、宇都宮城の城門脇の見事な切石の石垣を壊し、その石まで古河に搬ばせた。古河城はたしかに石塁の少ない城だったから、新たに石垣を造るつもりだったが、これもきわめて非常識なことである。正純は石垣の修理もしなければならなかった。これも、のちに問題になった。

本多正純の罪状を記した密告書

元和八年四月、将軍秀忠はまた日光東照宮に参詣した。このとき帰途、宇都宮城内に泊まることになっていた。

正純は新しく御殿を造り、これに秀忠を迎えることにして工事をはじめたが、この大工の中に古河の加納の方の手の者がまぎれ込んだ。何分にも急な新築工事のことなので、本多家お抱えの大工だけでは手が足らず、近在の大工も使ったためである。

大工の仕事は、夕刻前には仕舞うのが常だが、交替で夜も仕事をした。一組の大工たちが、夜の工事中密かに仕掛けを造った。将軍が泊まる寝所の天井を釣天井としたのである。もっとも本格的な釣天井にするのには日数も手間もかかるから、見せかけだけで、天井裏に重い石など積めなかった。だから天井は落ちても板だけで軽く、人が寝ていても怪我をするほどのものである。

この秘密の工事中、たまたま見廻りに来た他の大工の棟梁と二人の大工が、この工事を見咎めた。秘密の工事組の中に交じっていた加納の方の手の者が、その三人を殺して血を抜くと、油紙に何重にも包んで釣天井の上に隠した。こうしておくとしばらくは死臭も出ない。

新しい御殿が完成すると、加納の方は幕府に密告をした。すなわち本多正純の四つの罪状を記したものだった。

一つ、本多正純は堺の商人に多量の鉄砲を注文した。これは幕府に対する謀反の心がある証拠である。

二つ、本多正純は幕府に願いもなく、城の石垣を修理した。これは武家諸法度に逆く所行であり、城を強化する謀反の下心である。

三つ、本多正純は、将軍秀忠が日光に参詣の帰途、宇都宮城に泊まるのを好機とし、新築の御殿に釣天井を仕掛け、将軍の謀殺を計っている。

四つ、本多正純は、釣天井の工事に従った大工の口を封じるため殺し、御殿のどこかに隠した。

以上の内容だったから幕府の重役たちも驚いた。しかも密告者は将軍秀忠の姉である。

さっそくに大目付が役人を連れ、宇都宮に急行した。

釣天井を造った大工の霊

新築の御殿を調べたところ、釣天井があり、その天井からは三人の大工の死体も出てきた。

四つの罪状のうち、前の二項はともかく、釣天井については、正純に心当たりがないので、弁解さえできない。

大目付の調べに対して、正純は知らぬ存ぜぬの一点張りだから、大目付も歴然とした証拠がある割りには腑に落ちない。

秀忠はじめ重役に報告したが、いままでの本多正純の徳川家に対する忠節ぶりからは、不思議なことである、との意見も出た。

しかし釣天井があったことは事実なので、ひとまず正純を出羽の由利（秋田県）に配流し、なおも真相を調べることになった。

秀忠のお庭番が宇都宮に飛んだ。同時に密かに密告者である加納の方の身辺も調べた。

すると意外なことがわかった。

釣天井は加納の方の謀略だというのである。秘密の工事に従った大工の一人が、うっかりと仲間に洩らしたことをお庭番が探し出した。

秀忠も困った。姉のことだから処罰するわけにもゆかず、土井利勝（どいとしかつ）に命じてそれとなく訊問させた。

正純の処置にも困った。

鉄砲を多量に注文したことと、城の石垣修理は、理由があっても法度には触れる。そこで十万石を没収、五万五千石を与える旨を沙汰したが、正純は自分にも罪がある、として千石のみをもらい、佐竹義宣（さたけよしのぶ）に領（あず）けられた。

一方、加納の方は、秀忠から激しい叱責を受けた。それ以前から加納の方は、毎夜のように亡霊に悩まされていた。

すでに謀反のかどで斬り殺されていた三人の大工の亡霊が現われ、加納の方が寝ている部屋の天井を切って落とすのである。潰（つぶ）されて悲鳴を上げる自分の声で目が覚める。そのうちにだんだんと痩せこけて、食も進まなくなり、ついに狂っ

二代将軍・秀忠暗殺が謀られた宇都宮城跡

てしまった。

元和八年八月には、奥平忠昌がふたたび宇都宮城をもらって移ったのだが、加納の方は亡霊を恐れて宇都宮城には入らず、美濃（みの）の加納に帰ると、ここで狂死した。

加納の方は、加納にいても死ぬまで三人の大工の亡霊に悩まされたという。

(3) 腹を裂かれた妊婦の呪い――松山城

なぜ城主は妊婦の腹を裂いたのか

城下の女人（にょにん）は噂を恐れ、城の二の丸付近の屋敷には近づかなくなった。城主・蒲生忠知（がもうただとも）が、なぜか屋敷の辺りを通る女人を捕らえていて、屋敷内に入ったが最後、その姿を見た者は誰一人としていないという。

無気味な話が人の口から口に伝わって、伊予松山（いよまつやま）城城下は火が消えたような静かさの中にあった。

寛永（かんえい）四年（一六二七）二月、松山城主加藤嘉明（かとうよしあき）は突然、会津（あいづ）に移封を命じられた。その年の六月、蒲生忠知が出羽上ノ山（でわかみのやま）から松山に移封された。石高（こくだか）は二十万石である。

忠知は名将といわれた蒲生氏郷（うじさと）の孫である。二十三歳で二十万石の領主、しかもひどく短気な性格だったために数多くの伝説が伝わっている。

忠知、奥方に男子の子が生まれない。世嗣(せし)(後継者)がないということは、大名にとっては大変なことである。幕府に届け出て養子をもらえば家は存続するが、後継者がいないと家名は断絶する。

忠知は重臣たちの勧めもあって側室を何人もおいたが、どうしても男子が得られない。そのためにいささか乱心気味になった。狂気というほどではないにしても、元来が気短な性格である。その所行がいささかおかしくなった。

屋敷のそばを通る妊婦(にんぷ)を捕らえ、庭に連れてくると、その腹を裂いて胎児が男子か女子かを調べた。調べてどうなることでもないのだが、男子だと羨(うらや)み妬(ねた)み、母子ともに斬り殺した。女子でも結局、斬り殺してしまった。

まさに狂気の沙汰、であるが、忠知には生来、残酷趣味があったのかもしれない。

忠知が妊婦の腹を裂くのに使ったという、俎石(まないたいし)というテーブルのような石が、太平洋戦争終了前まで、松山城二の丸、御殿跡に置かれた松山二十二連隊の兵営の中にあった。戦後、兵営はなくなり、俎石も行方不明になってしまった。兵営跡はいま公園になっている。

「俎石（まないたいし）」に取り憑いた母子の怨霊

伝説によれば、忠知に腹を裂かれた妊婦の一人にお波（なみ）という人妻がいた。松山城下から少し北西の三津浜（みつはま）という所の漁師の女房だが、ある日、七カ月という身重な体ながら城下の親類に用事があり、近道のためうっかりと忠知の屋敷の前を通った。

捕らえられてから噂を思い出し、身震（みぶる）いするほどの恐ろしさに襲われたが、縛られて逃げることができない。庭に引き出され、忠知を見ると命乞（ご）いをしたが、お波がなかなかの美形なので忠知は大いに喜び、サディスティックな笑いを洩らした。しかし、お波の美しさに心惹（ひ）かれた忠知は直（ただ）ちに俎石の刑にはせず、一夜寵愛（ちょうあい）した。お波は一命を助けてくれるなら、と仕方なく身を任せたが、必死の助命も空（むな）しく翌朝、俎石に上げられた。

「約束を破り、私もお腹の子も殺すとは言語道断、この恨み必ず晴らすぞ、そのときは思い知れ」

と叫んだ。そのときすでに、忠知を睨（にら）んだお波の眼からは血が流れ、叫んだ声は城山にこだましたという。

結局、母子ともに殺されてしまった。子は男子だったという。この松山城の天守に、母子二人の怨霊が棲(す)みついたとしても少しも不思議ではなかった。

松山城は加藤嘉明が構築した名城である。

日本の大名の城の中には、鎌倉、室町(むろまち)、戦国の時代を通じて使われた城が、修築されて用いられたものもあるが、大名が新しく封ぜられた土地で新規に城地を選び居城を新築したものもある。伊予の国でいえば宇和島(うわじま)城、大洲(おおす)城などは前者で、松山城、今治(いまばり)城などが後者である。

加藤嘉明は関ケ原の戦い後、伊予二十万石に封ぜられ、小早川(こばやかわ)氏の居城だった松前(まさき)城に入ったが、ここは水軍の城の構造であり、城下町などを造るには都合がよくない。そこで新しく城地を選び、幕府に伺(うかが)いを立てた。

このとき嘉明は、幕府は第一候補の土地には許可を与えず、第二候補地に決定するのが通常の例、と知っていたので、城を造りたい勝山(かつやま)を第二候補としたところ、ここに許可が下りたという。

勝山は標高百三十二メートル、松山平野のほぼ中央に位置する山である。まさに「平山城(ひらやまじろ)」を造るのにはこれ以上の場所はない。

日本の城は、地形的に分類すると、「山城(やまじろ)」「平山城(ひらやまじろ)」「平城(ひらじろ)」「水城(みずじろ)」に分けられる。

典型的な〝平山城〟だった松山城

「山城」は山上にある城、「平山城」はあまり高くない山あるいは丘を中心として山麓（さんろく）、丘麓も含めて造った城、「平城」は平地の中に造った城で、中心部が多少高い土地がよいとされる。「水城」は河中の島、河岸、湖中、湖岸、海岸、海中の島などに造った城である。

豊臣時代から徳川幕府のはじめ頃、大名の居城は、中心が小山か丘、やや隆起した地形の「平山城」が城地としては最良とされた。城という防備性と城下町の経営に好都合だったからである。徳川時代もはじめを過ぎると、城は戦いのための備えでなく、政治、経済の中心となることが要求されてくる。となると、平城のほうが有利になる。

その意味では、加藤嘉明が伊予に二十万石で入封した頃は、平山城が居城の典型であり、勝山という地形は理想的だったのである。のちになって山が少々高すぎる、といった不便さは出てきたが、嘉明はここに理想的な城を造った。

勝山山上に天守、櫓（やぐら）、数多くの城門を構え、西の山麓に二の丸を造り、そこに御殿、侍（さむらい）屋敷を設（もう）けた。

嘉明の城造りは慶長七年（一六〇二）からはじまり、二年後の慶長九年にはほぼ城地が整い、勝山を改め、松山とした。なおも築城工事は続き、二十五年後の寛永四年（一六二七）、徳川幕府は嘉明に会津転封を命じる。石高は四十万石だから、さらに出世だが、会津は北の国である。心情としては見事に完成した松山の地を離れたくなかった。嘉明は心を残して去っていった。この転封には一説に、城が立派すぎたため、という説がある。嘉明に代わって松山に入封したのが、蒲生忠知であった。

美しき五層の天守を覆った暗雲

松山に入った忠知、はじめは城の立派さに大いに喜んだ。人情も、それまでいた北国に比べると温かく明るい。二の丸の屋敷も宏壮だった。

しかし、世嗣ぎの男子がないということが忠知の心を暗くし、その挙句の残酷な乱行であった。重臣の心ある者が諫言したが、手討ちにされてしまった。それ以来、家中の者は恐れ、口を出さない。

城下町の領民は、すでに噂を知り、忠知の屋敷を「腹裂き御殿」と呼んで、近くの道を通る者もいなくなった。

天守閣に棲みついたお波の亡霊は機会を待っていた。

松山城天守は、大名の居城の天守のある城の中でも、珍しい構造だった。大天守が三つの小天守と渡り櫓で結ばれて、四角形を造り、その中に内庭がある。四つの天守が並び立つので〝四基連結式〟とも〝連立式〟ともいう。

城はもともと、城地、土木構築物、建造物の三つが一体となってはじめて城であって、建物の重要性は三番目なのだが、見た目では建物が城の美しさを強調している。松山城も山麓から仰ぐ天守は格別の美観だった。

その天守に、お波が殺されて以来、つねに暗雲がたなびいている。天守から風雨が起こると信じられ、雷光がまるで天守から発せられるように見えた。

人々は恐れ、これは必ず何かの大変事があるだろう、と噂し合った。

松山は台風や大嵐の被害はあまりないところだったのだが、お波が殺されて以来、毎年のように台風がやってきた。城下に相当な被害を出す。

領内の人々は、その台風のつど、吹き荒れる激しい風の中に、忠知に腹を裂かれたお波をはじめとする女たちの怨念を見た。

とくに台風は、城下町や村よりは、城山と忠知の屋敷を強襲し、石垣、堀、屋敷が壊された。

忠知は毎夜のように悪夢にうなされ、怨霊に悩まされて、狂乱状態になった。

やがて昼間でさえ怨霊を見るようになり、怨霊を斬るつもりで、腰元や家来に向

蒲生(がもう)家の〝腹裂き御殿〟があった二の丸跡

かって刀を振るうようになった。

山上の天守から、昼となく夜となく、暗雲が忠知の屋敷にたなびいた。

重臣たちは相談の上、忠知を座敷牢を造って入れることにしたが、その中で忠知は荒れ狂った。

城の石垣や堀が台風に壊されたので修理しなければならなかった。この当時、城の修理は幕府の許可が必要であったが、部分的な修理だからと許可を得ずに工事をはじめたが、それが幕府の隠密の知るところとなり、江戸城内では松山藩改易の話が出た。折りも折り、忠知が座敷牢から抜け出し、誰かれかまわず斬りつけたところ、逆に家来の腰元に斬り殺された。そのとき忠知は、その腰元にお波の顔を見たという。

お波が殺されてちょうど三年目のことだった。

寛永十一年（一六三四）の事件だが、記録では、忠知は京都で客死し、世嗣ぎなくお家断絶、とある。重臣が用意した養子の家督相続の件は、城郭無断修理の件もあり幕府に認められなかった。

松山の人々は、お波をはじめ殺された妊婦の怨霊が忠知を殺し、お家断絶に追い込んだにちがいない、すべて祟りだ、と噂した。

　お波の怨霊が棲んだ五層の大天守は、寛永十九年（一六四二）、城主久松（ひさまつ）家が行なった大修理で壊され、三層の天守が新しく造られた。五層天守が壊されるとき、一群の暗雲が天上に昇っていったという。

(4) 〝不開(あかず)の間(ま)〟の幽鬼——岡山城

小早川秀秋(こばやかわひであき)の数奇な運命

昭和二十年、太平洋戦争の戦火で岡山城天守が炎上した。このとき岡山平野を流れる旭川(あさひ)を渡ったところに位置する城の庭園、後楽園(こうらくえん)に避難していた人たちは、紅蓮(ぐれん)の炎の中に一筋の黒煙が高く立ち上(のぼ)るのを見た。

一人の老人がつぶやいた。

「開かずの間(ま)も焼けた」

岡山城天守には、その一室に不開(あかず)の間の不気味な伝説があった。

それは城主・小早川秀秋(こばやかわひであき)に因(ちな)む恐るべき伝説であった。

岡山城のはじまりは古い。

岡山平野の中を流れる旭川が湾曲して流れるところに小丘があった。三方を川に囲まれる要害の地だったので、古くから豪族の居館があったが、南北朝の時代、南朝に属した上神高直という者が、戦乱に備え館を補強して砦としたが、北朝に味方する豪族に攻められ落城し、高直は戦死した。

大永年間（一五二一～二七）からは、豪族金光氏が居城していたが、元亀元年（一五七〇）、近くの沼ノ城にいた宇喜多直家が金光宗高を攻め城を奪い、自分の居城とした。

直家は金光氏の城が狭小だったので、旭川に沿って城地を拡げ、旭川の対岸、のちの後楽園の地にも出城を造った。

宇喜多直家もその子秀家も、武将としては秀れ、中国地方の雄、毛利氏と結び、その勢力を伸ばした。

岡山城は、山陽の名城の一つと言われるまでに大きな城郭となった。

しかし、豊臣秀吉恩顧の秀家は、慶長五年（一六〇〇）の関ケ原の戦いで西軍に属し、戦後、岡山を去った。

代わって小早川秀秋が備前、備中、美作七十二万石の大守として岡山城に入った。

秀秋は豊臣秀吉の夫人、北政所の兄、木下家定の四男だが、子のなかった秀吉の養子となり、天正十九年（一五九一）に、小早川隆景の望みにより、その養子となった。その理由は、秀吉が当時、同じく養子の秀次を跡取り＝嗣子と決めたため、秀秋の立場が宙に浮いてしまった。そこで実子のいない小早川隆景が、名門小早川家存続のために秀秋を迎え入れたのである。いわば、隆景の保身の策だったのだろう。

北九州・名島城の小早川隆景は慶長二年（一五九七）に亡くなり、秀秋が二十三歳で、五十二万石の封領を嗣ぎ、中納言に任ぜられた。

〝慶長の役〟で朝鮮出兵の総大将になった秀秋だが、出兵中、総大将という大任にふさわしくない軽々しい振舞いが目立ち、それが秀吉の耳に入った。そのため、秀吉から詰問された上、名島五十二万石から、越前・北ノ庄に十六万石に減封の上、移封を命ぜられた。
が、このときは徳川家康の執りなしもあって、秀秋は名島にとどまった。

秀吉が亡きあとの慶長五年、関ケ原の戦いが起こった。

小早川秀秋は、はじめ西軍に属した。一時は秀吉の養子であり、豊臣との縁が深いのだから当然だが、かねて徳川家康の強い要請を受けていたこともあり、とうとう西軍を裏切り、東軍に走った。これが東軍勝利のきっかけとなった。

暴君秀秋の凄まじい悪行(あくぎょう)

関ケ原の戦い後、秀秋の助力を評価した家康は、名島五十二万石から岡山七十二万石に加増、移封させたのである。秀秋二十七歳である。

もともと秀秋は、あまり出来のよい人柄ではなかった。それが幼時から秀吉の養子として甘やかされて育ったものだから、しだいにわがままな暴君になっていった。

秀秋は岡山に移ると、城郭の大修築を敢行した。七十二万石の大守の居城としての威容を整えたのだが、このとき天守閣も化粧直しをしている。

それまで前城主の宇喜多氏は、数ある戦国の大名の中にあって領内に善政を施(し)いていた数少ない領主であった。しかし、秀秋が入封すると、ことごとく改悪し、農民の年貢(ねんぐ)も重くなった。この時代、年貢は七公三民とか六公四民と言い、農民から七〇％から六〇％を税として取り上げた。農民、領民にとって年貢が重くなることは、すべて悪政なのである。

その他にも城主・秀秋には、粗暴な行動が多かった。

秀秋は鷹狩りを好んだが、あるとき狩りに出て雨に遭い、雨具の用意がなかったため、一軒の農家で休んだが、寒さのため炉に火を起こすことを小姓に命じたが、薪が湿っていて火がつかない。

すると秀秋はその小姓を斬って捨てた。

あるときは、農家の前を通りかかったとき、軒先近くに植えられていた大きな木の枯れ枝が強風で落ち、秀秋の頭にぶつかった。怒った秀秋は、農家の百姓をその木に逆さ吊りにして放置し、殺してしまった。

また、城内でも、腰元が些細な過ちで手討ちになることがあった。

そのような行動が日増しに強くなるので、重臣たちの心配は日増しにつのっていった。

重臣の中でも、家老の重職にあり、秀秋が小早川家に養子に入ったときからの補佐役であった杉原長房は、秀秋の粗暴な振舞いに深く心を痛め、たびたび諫言していた。

秀秋も、お家の重臣の諫言なので、そのつど聞き入れ、反省はしている様子だった。

しかし秀秋の暴君ぶりに、火に油を注ぐような言動をする佞奸な臣もいた。も

暴君・小早川秀秋が君臨した岡山城（現在の天守）

ちろん、秀秋の歓心を買うためである。

村中主水はもともと能役者だった。名島城の城中で能楽を演じたとき、秀秋がこれを気に入り、小姓に取り立てた。やがて側用人をつとめるまでに至り、一万石を賜うまで出世した。

主水にしてみれば、小早川家従来の重臣たちが、目の上の瘤のごとく邪魔である。とくに剛直な杉原長房は、主水を成り上がり者とさげすんでいる、と曲解していた。

そんな折りも折り、秀秋の所行があまりひどいので、主人を見限って岡山の城下を退散する硬骨な侍まで現われた。杉原長房もいよいよと膝詰めの諫言をした。

秀秋は道理をさとされて納得はしたものの、腹の虫は治まらない。そこへ村中主水が、

「杉原様の殿をないがしろにした言動は許されませぬ。はたまた徳川家康様に何やら密使を出したとのこと、おそらく殿を讒言されたのでございましょう」

とたきつけた。

この言葉には秀秋も半信半疑だったが、長房の日頃の諫言は鼻についている。

「よし、上意討ちを」
と主水に命じた。

嬲り殺しにされた重臣の怨念

翌日、秀秋から天守に呼び出された長房は、多少いぶかしくは思ったが、天守には供も連れず登った。が、二層目まで来ると殺気を感じた。

突然、廊下を歩いている長房に一室から槍が激しく突き出された。紙一重でその槍を避けると脇差しを抜き、一刀のもとに槍の穂先を切って落とした。天守に登るときは、大刀は供に持たせるのが慣例であるので、このとき長房は脇差しのみを佩いていた。

次の瞬間、数本の槍が左右の部屋から、長房を襲った。その中の一本の槍をかわしきれず腹部に刃を受けた。

ここぞとばかり部屋から踊り出た数名の侍が長房めがけて刀で斬りかかった。脇差しと大刀、一人と数名。傷を負っている長房は死闘すること数秒ののち、大刀を全身に受け、血しぶきを上げながら一室に倒れ込んだ。

刺客たちは口々に、

「上意」

と叫びながら、なおも倒れた長房を刺し貫いた。

しだいに遠のく意識の中で長房は、

「無体な殿の仕打ち、必ず無念晴らして見せようぞ」

と口にし、絶息した。

斬り刻まれた死体の血で、部屋の壁も畳も真っ赤に染まった。

無情にも長房の死体は旭川に投げ込まれた。

のみならず、杉原長房の一族は上意との命で男は切腹、女は自害させられた。

翌日、血のりで染まった部屋の掃除を命じられた下男たちは白壁を一生懸命洗ったが、いくら洗っても血の跡は取れなかった。畳は新しいものに替えられたが、その畳にも血の跡が浮いて出た。

そののち、天守に登る者がこの部屋の前を通ると不思議な物音が聞こえると騒いだ。また、用あってこの部屋に入った者が異常な死に方をした。

これらのことから、城中ではこの部屋に長房の怨霊が籠っている、という噂が飛び交った。そこで重臣たちは部屋の戸を釘付けし、不開の間としたのである。

そして長房殺しの張本人、村中主水は変死した。

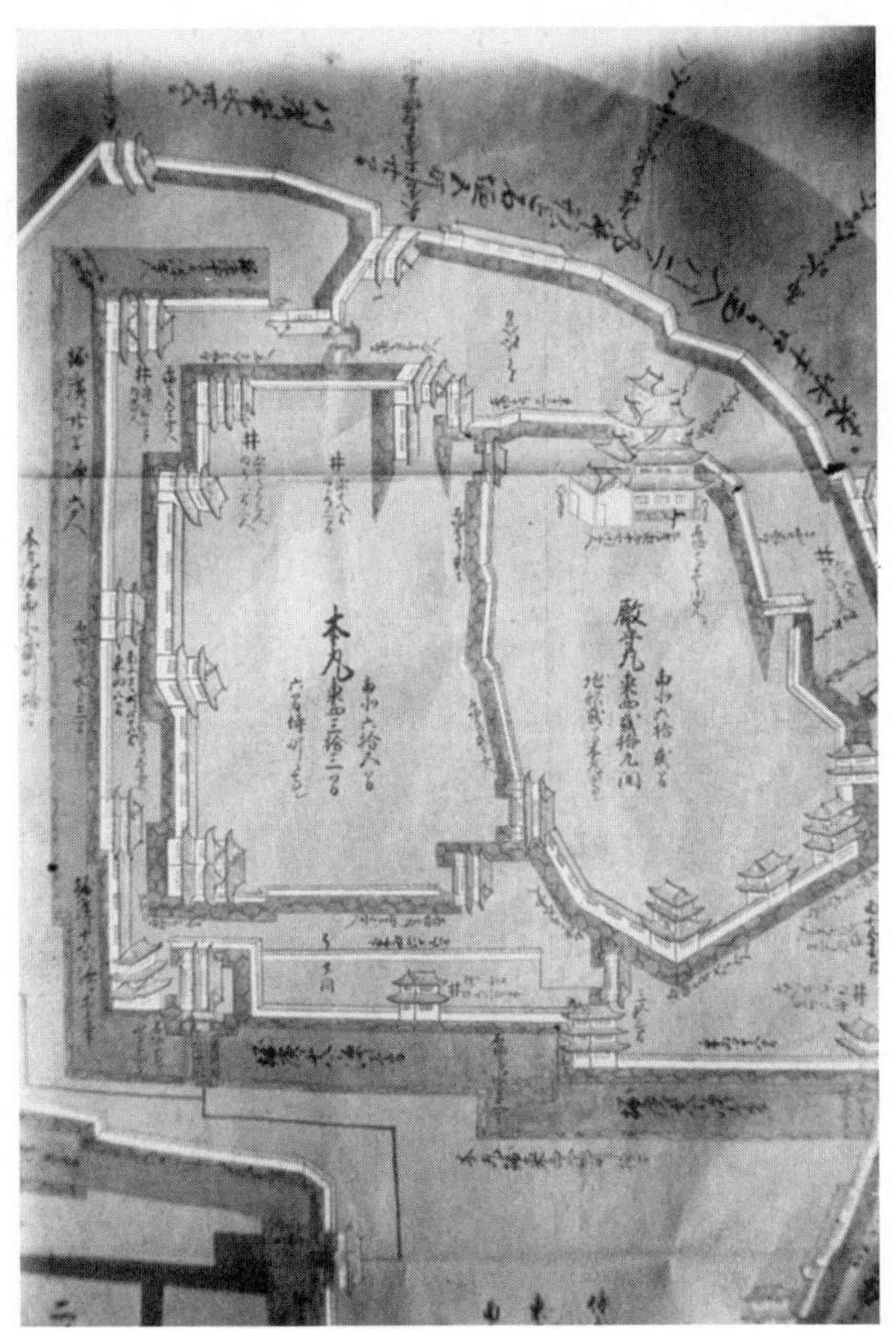

正保（しょうほう）年間に描かれた岡山城・城絵図

また、その年、すなわち慶長七年十月、小早川秀秋もまた急死した。原因はわからなかった。

小姓を手打ちにしようとして逆に殺されたとか、鷹狩りに出て百姓を無礼打ちにしようとし百姓の鎌で切られたとか、殺生禁断の場所で網を打ち、海に落ちたとか、罪を犯した山伏を嬲り殺しにしようとして反対に殺されたとか、いろいろな噂が立ったが、真相はわからずじまいであった。

秀秋には世嗣がなく、彼の死によって名門小早川家は断絶した。

秀秋が城中で死を迎えたとき、岡山城天守の不開の間から不気味な笑い声がするのを、天守番の足軽が聞いたという。

小早川秀秋のあと、岡山城には池田忠継が三十二万石で入ったが、天守不開の間の話を聞き、天守修理のときもこの部屋には手をつけさせなかったという。

岡山城天守は池田家によって明治維新まで伝えられたが、そののちも不開の間が開かれることはなかった。

現在の岡山城天守は、太平洋戦争で焼けた建物を、昭和四十一年になって復元したもので、内部は鉄筋コンクリート造りであり、不開の間はすでにない。

藩主を襲った大異変

——仙台城・宇和島城・金沢城・佐賀城

(1) 伊達藩お家騒動の怪――仙台城

片目になった政宗を嫌った生母・最上殿

仙台は伊達六十二万石の居城である。

徳川幕府の統治下、五十万石以上の大名というのは、金沢前田家、薩摩島津家、仙台伊達家、尾張徳川家、紀州徳川家、熊本細川家、福岡黒田家の七家しかなく、尾張と紀州は徳川御三家のうちだから外様大名は五家しかない。

ところがこの五家、大なり小なりにお家騒動が起きている。すなわち相続をめぐっての家督争い、あるいは政権をめぐっての権力争いである。財産相続の争い、権力争いは現代でもいまだに絶えない。

大名のお家騒動でもとくに有名なのが、伊達騒動である。「先代萩」という芝居の筋書にまでなった。

近年の小説では騒動の主人公、原田甲斐がかつての悪人から、お家を思う善人に仕立て直されたりして、歴史の読み方の面白さまで伝えているが、実はこのお家騒動には、さらに深い怨念話があるのだ。

仙台伊達六十二万石の始祖は伊達政宗である。

永禄十年（一五六七）、伊達輝宗の嫡子として米沢城に生まれた。当時は米沢城に本拠を置いていたが、伊達家は藤原氏の流れで、文治五年（一一八九）、源頼朝が奥州藤原泰衡を討ったとき、これに従った藤原朝宗が戦功により奥州伊達郡をもらい、以降、伊達氏を名乗ったのがはじまりで、奥州の豪族となった。

輝宗の代に勢いを伸ばしたが、その子政宗は幼時、疱瘡にかかり、右の目を失明した。

そのため生母最上殿は、政宗が片目になったことを嫌って、弟の小次郎に伊達家の家督を継がせたいと願った。輝宗は、その奥方の心を知り、早目に隠居して政宗に伊達家を相続させた。最上殿は不服だったが、このことが尾を引くことになる。

母の奸計に弟を斬った政宗

父・輝宗の見込みどおり、伊達家を継いだ政宗は武将として秀れていたが、輝宗四十一歳、政宗十八歳のとき、大事件が起こった。

岩代小浜城主大内定綱が、伊達との盟約を破り、叛いた。伊達の敵、会津の蘆名氏や常陸の佐竹氏と通じたので、政宗がこれを攻めると定綱は岩代二本松城の畠山義継のところに逃げ込んだ。そこで政宗は二本松城を攻めようとしていると、政宗の占領していた小浜城に畠山義継が大内定綱をかくまったことを詫びに来た。

政宗はその詫びを受け入れた。が翌日、畠山義継はお礼のためと称し政宗の父・輝宗の陣屋に行き、輝宗の油断を見て胸元に脇差しをつきつけ人質とした。そのまま義継は一団の家来とともに二本松に急ぎ、帰ろうとした。

この報らせを聞いた政宗は、高田ヶ原というところで、二本松に急ぐ義継の一隊に追いついた。しかし父を人質に取られているので手出しができない。遠巻きにして様子を見ていたところ輝宗は、

「義継を討て、自分にかまって伊達の恥とするな」

と叫んだ。

政宗がはじめ居城とした黒川城（会津若松城）

意を決した政宗は、鉄砲隊に一斉射撃を命じた。手傷を負ってあわてた義継は、輝宗を刺し殺すと、小高い丘に逃れ、切腹して死んだ。畠山の者は一人残らず討ち殺された。

しかしこの結果を、母の最上殿は、夫・輝宗を失った悲しみと政宗の処置の憤りで、

「父を死に追いやった不孝者」

と罵った。

この事件は最上殿にも政宗にも暗い影を投げかけた。

こののち政宗は近隣の豪族を討ち、勢力を伸ばし、所領を拡大していった。

天正十八年（一五九〇）、秀吉の小田原攻伐のとき、政宗は黒川城（会津城）にいたが、秀吉のもとに直ちに参陣はしなかった。会津はやはり北に離れていたので、秀吉の勢力など正確な情報が入らなかったせいもあって様子を見ていたのだが、秀吉が立腹しているらしいという情報を得た最上殿は、一策を案じた。

政宗も決心して小田原に出発する前日、最上殿から招かれて食事をすることになった。同席した政宗の毒見役が、先にその食事をしたところ、血を吐いて倒れた。少し食べていた政宗も吐血したが、一命は取り止める。

政宗は弟の小次郎を呼び寄せると、これを斬った。

母、最上殿が自分を亡き者とし、秀吉に詫びを入れ、弟・小次郎に伊達家を継がせようと計った、と判断したのだが、弟の小次郎は何も知らなかった。

小次郎の霊は、怨念となったが、彼は兄・政宗を敬っていたので直接、政宗に祟ることはしなかった。しかし怨霊は密かに葬られた寺にとどまっていた。

小田原参陣で危うく、切腹、封領没収をまぬがれた政宗は封を削られ、岩出山に居城を許された。

伊達兵部の恐るべき陰謀

朝鮮出兵では渡海し、南朝鮮で戦った。

関白秀次が失脚し死を命ぜられたときも政宗はこれに関与して、あやうく転封になりかかったが、徳川家康の執りなしで無事、終わった。

秀吉の死後、政宗は家康に接近、関ケ原の戦いのとき家康の命で会津若松の上杉景勝を攻めた。この北の抑えの戦功もあり、岩出山城が狭小なこともあって、新しく仙台築城が認められた。

仙台城は、広瀬川が東、北、西を湾曲して流れ形成した丘陵、青葉山に本丸を置き、中曲輪、三の丸などがこれを囲んでいる。しかし御殿のあった二の丸は青葉山山麓、北の台地に独立して造られ、また城下町も広瀬川をへて、城とは別に造られるという、近世大名の城郭としては異色の構造であった。

二の丸の建物群は、太閤秀吉の聚楽第になったといわれたが、ここでそののち、事件が起こる。

政宗は寛永十三年（一六三六）、七十歳で江戸藩邸において亡くなった。当時としては長寿のほうであった。

小次郎の怨霊は、仙台城大手門にとどまっていた。

この大手門は、太閤秀吉が朝鮮に兵を出したとき、九州に名護屋城を築いたが、のち政宗がもらって解体し、船で搬び仙台城大手門とした立派な門である。

時代は移った。伊達家も安泰に六十二万石を守りつづけたが万治元年（一六五八）、当主の二代目忠宗が没すると、その子綱宗が十八歳で家督を継いだ。そこで伊達兵部の登場である。

兵部は政宗の庶子、すなわち側室の子だが、同じ側室でも長子の秀宗は、十万石をもらって伊予宇和島に新しく藩を起こした。兵部は三万石をもらって一関城にいたが、大名にはなっていない。伊達の直系である。不満が大きかった。

そこで兵部は、綱宗が若いのをよいことに、これに乱行をさせ、廃嫡(はいちゃく)にし、代わって自分の息子、市正(いちまさ)を本家の嗣目(あとめ)にしようと画策した。

まず江戸家老の原田甲斐を味方として、江戸にある綱宗に吉原(よしわら)通いを教えた。綱宗は若いので、美しい太夫(たゆう)などのいる吉原の遊びが楽しい。中でも高尾(たかお)太夫が気に入ったが、他に男がいてなびかない。金を積んで身受けしたが、高尾が嫌がるので斬り殺してしまった。この噂は直ちに江戸で評判となる。

幕府の大目付もあまりの噂に黙ってもおれず、江戸家老原田甲斐に注意した。しかしこれは伊達兵部の思うところであった。

仙台の老臣、重役たちは、このままではお家の大事と相談の結果、綱宗を隠居させ、その子亀千代(かめちよ)を伊達家四代目の当主としようとした。しかし亀千代わずか二歳である。

後見役に伊達兵部が就(つ)く。

ところがお家には忠臣もいるもので、一族の伊達安芸(あき)が兵部の奸計(かんけい)を見破り、兵部とことごとく対立したのである。

伊達六十二万石を守った男

寛文七年（一六六七）になって、兵部は主君亀千代を毒殺して一挙に主家を乗っ取ろうと計画した。亀千代の乳母で、伊達安芸の妹、浅岡は、忠臣の松前鉄之助と計り、危うく亀千代毒殺を防止した。

事の露見を恐れた伊達兵部は、この毒殺事件にかかわった者を皆殺しにして証拠を湮滅してしまう。

伊達安芸は、これも伊達家の重臣である片倉小十郎と計り、伊達兵部の謀叛、亀千代毒殺未遂などの証拠を手に入れ、幕府老中板倉内膳正に訴え出た。とうてい藩内では悪人を制しきれないと判断したためである。

寛文十一年（一六七一）、酒井雅楽頭の屋敷で、伊達安芸と原田甲斐の対決となった。証拠で不利になった甲斐が突然、安芸に斬りつけ、これを殺すと自分も斬り死にした。

幕府は伊達兵部を不始末として、土佐山内家にお領けとし、伊達騒動は一応片がついた。伊達家が改易にもならず、六十二万石が安泰であったのは、伊達家が大藩であり、藩祖政宗の徳川家に対する忠勤ぶりが評価されてのことであったが、仙台の人は噂をした。

小次郎（こじろう）の怨霊がとどまった仙台城

政宗の弟、小次郎の亡霊が伊達家を守ったのであろうと。

小次郎は政宗に斬られたが、政宗が自分を憎んで斬ったのではないことを知っていた。政宗は、小次郎を斬ったのち、涙を流しながら、手を合わせ、せめての冥福を祈ると、密かに小次郎付きの家来に命じ、一寺を建立(こんりゅう)して供養させた。

小次郎の霊は不慮の死なので怨霊とはなったが、伊達家を守るため、大手門にとどまった。

亀千代の毒殺を防いだのも、小次郎の霊が浅岡に乗り移り、これを救ったのであった。

江戸での伊達安芸と原田甲斐の対決で、突然、甲斐を狂わせたのも小次郎の霊であった。

寛文の伊達騒動は、伊達家の重大な危機であり、このときに小次郎の霊が現われ、伊達家を救ったのだ、と仙台の人々は信じた。

小次郎の霊は騒動が治まると、自分の墓に帰っていった。

伊達家は明治維新まで、六十二万石の大藩として存続したのである。

(2) 世にも苛烈な宇和島藩総奉行の怨念——宇和島城

伊達政宗の子・秀宗が入封した宇和島城

元和元年（一六一五）三月、伊達遠江守秀宗は十万石の領主として、四国伊予宇和島に入った。

秀宗は仙台六十二万石の大守、伊達政宗の長子（ただし、側室から生まれた庶子だった）である。仙台は正室の子、忠宗が継ぐので、政宗が徳川家康に頼んで新しく宇和島藩十万石をもらった。

秀宗は、六十二万石と十万石では大名としても大いに格も異なるので内心不満だったが、側室の子だから仕方がない。北国の仙台から南国の宇和島に入封した。

秀宗は大坂からは船で瀬戸内海を西下し、宇和島湾に入り大浦というところに上陸したが、船上から見る宇和島城の城山と、その山頂にそびえる天守は、折りから春霞の中に浮かぶようで、船酔い気味だった秀宗はじめ家来たちも、城山の美しい姿に機嫌を直した。

政宗は秀宗が仙台を発つとき、二百名ほどの重臣、家臣を選んで秀宗に付けたが、その中に家老、重役として山家清兵衛、桑折左衛門、桜田玄蕃頭（侍大将）、志賀右衛門、山崎隠岐などの名があった。

宇和島は城山が海に面し、かつては島だった。古い名を板島と呼んだが、すでに天慶の乱（九三九〜九四一）の頃、藤原純友がここを本城、日振島の出城に使ったり、純友の追捕を行なった伊予国警固使の橘遠保が、日振島に籠った純友を討つための基地の城に用いた、などの伝えがある。要害の地の利を得た島なので、そののちも豪族たちの城に利用された。

秀宗が入封する前は、文禄四年（一五九五）藤堂高虎が七万石で宇和島に封ぜられ、城と城下町の大改築を行なった。高虎は築城の名手として知られ、居城となった宇和島の城山山頂に三層（あるいは四層ともいう）の天守を造り、城山山麓に城郭と城下町を設けた。

このときの城の縄張りが、平面が四角と見せながら五角で、一角を密にする空角の計、という構造であり、他に例がない。

高虎は関ケ原の戦功で、伊予東部の二十万石に転封となり、のちに富田信高が宇和島に入ったが、慶長十八年（一六一三）、争いごとに巻き込まれ改易となった。城主のいなくなった封領は藤堂高虎の預りとなり、代官の藤堂新七郎が奉行していた。

収入を減らされた家臣たちの怒り

宇和島に入った秀宗は、はじめて自分の封領を持ったのだが、領国統治の経験はないから、表向きの政事は家老と重臣に任せた。もっとも、報告は受け、大事なことは自分で決断することもある。

ところが宇和島はそれまで領主不在だったこともあって、年貢は九公一民、すなわち九〇％の税金である。領民の生活はきわめて苦しい。

藩政も秀宗が仙台を発つとき父の政宗からもらった費用の他に、転封の旅費、十万石としての新規の家臣召しかかえなどの用途に多額の借金を政宗からしていた。父子といっても一藩の領主だから、返済しなければならない。

そこで十万石の収入のうち、三万石分を返済に当てることに重役の意見がまとまった。

さらに、領民からは急には年貢が取れない状況にあったので、家臣の石高に応じ、その三分を召し上げる（三〇％を棚上げして藩の財政に入れる）という案が、総奉行で財政を領る山家清兵衛から出された。

他の重臣たちも、新しい藩の創設のときでもあり、筋道としては承知したものの、実際には収入が少なく何かと物入りなので不満のある者があった。とくに中級、下級の家臣たちは生活が極度に苦しかった。

総奉行、山家清兵衛に対して怨みに思う者も現われた。

清兵衛は政宗がその人柄を見込んで秀宗につけた者で、清廉な能吏だったが、それだけに頑なで強引なところがある。自ら領内を巡視して、民の極端な疲弊を見て打ち出した政策だったから、厳しく実施された。そのため、おのずから政敵を生じた。

ついに清兵衛に反感を持つ者が秀宗に讒言した。

「山家清兵衛は領民の疲弊を理由に、年貢を減じ、家臣の封禄を削りこれに当て、領民より賄賂を受け私腹を肥やしております」

はじめは秀宗も信じなかったが、何人かの重臣、家臣から言上があり、証拠

宇和島（うわじま）湾を見下ろす宇和島城

と称する数々の所行を挙げられると、秀宗もついにはこれを信じ、清兵衛の上意討ちに同意した。

皆殺しにされた山家清兵衛と一族郎党

元和六年（一六二〇）六月三十日、重臣の手の者が十余名、城山下丸の内にある山家清兵衛の邸を襲った。このとき清兵衛四十二歳、戦いの経験もある剛の者だったので、上意討ちの刺客たちは深夜を待った。

その夜は蒸し暑く、雨が降っていた。

刺客は見当をつけていた清兵衛の寝所に忍び込むと、まず蚊帳の四方の吊り紐を切り落とし、身動きのできない清兵衛を刺し殺した。それのみでなく、隣室に寝ていた奥方、三人の子供たち、そして家族、郎党すべてを斬殺してしまった。四男・美濃は、井戸に落とされ亡くなった。

刺客のあまりにも残酷な皆殺しはのちに問題になったが、そのあと宇和島城下に異変が起こった。

まず城山山頂の天守閣が、毎夜、大風もないのに激しく動き、音を立てていまにも崩れんばかりであった。城下の侍、町人、領民は恐れ戦いた。

領主秀宗のところには、毎夜、血まみれの清兵衛、奥方、一族が現われ、怨みのまなざしで秀宗を見つめた。

それのみでなく城下に悪疫が流行し、多くの人々が死んだが、その中には清兵衛を秀宗に讒言した重臣たち、刺客となった侍たちも含まれていた。

さらにその年の秋、地震、火事が続き、ついに大嵐がやってきた。南の海、太平洋につづく豊後水道に大激浪が起こり、領内の南郡、宇和島湾を直撃した。その凄まじさはホラー映画どころではない。

この地方、海産物、漁獲は最重要産物だから、漁民はじめ領民の生活は極端に危機に瀕した。この年、台風がこの地方を襲い、大きな被害があったことは記録に残されている。

宇和島城下と領内では、これらの天変地異はすべて山家清兵衛暗殺の呪いである、との風聞が立ち、人々はさらに恐れた。

もともと清兵衛は、領民のためには年貢を免ずるような政策をとったので、それまで働いても九公一民の策によって生きることさえやっとという領民からは慕われていた。その清兵衛さまが、このように怒り狂われるのだから、殿様や重臣方が悪い、と怨訴の声が城下に満ちた。

やがてこの噂は、仙台の伊達政宗のところにも届いた。政宗は使者を秀宗のところに送った。

霊験著しい和霊神社の由来

秀宗もけっして愚鈍な殿様ではない。さっそく良識派の家臣に命じて真相を調べさせた。その結果、山家清兵衛に領民より賄賂を受けた事実はなく、清廉潔白であり、その政策も民力の休養回復と藩財政の立て直し、武力の充実などの立場から、多少の強引さはあったとしても、当を得た政策であった、との報告を得た。

秀宗も清兵衛の亡霊には悩まされたが、あれは無実を訴え、秀宗と宇和島藩を憂いてのことであったか、と悟った。

清兵衛を讒訴した者は、さきの悪疫の流行で大部分死んでいたが、二、三残っていた刺客に加わった者は、秀宗の追及がはじまる前に切腹するか、ある者は気が触れて城山の「ちんちん井戸」と称する井戸に身を投げて死んだ。この井戸は現在も残っていて、奥女中が斬殺され井戸に投げ入れられた、などの伝説もある。

総奉行・山家清兵衛を祀った和霊神社

清兵衛の怨念で動揺し、破損、傾斜したといわれる天守は、藤堂高虎がかつて造ったものだったが、そのまま放置されていた。のち二代目の宗利の寛文二年（一六六二）になって解体され、新しく三層の天守が造られた。現在も残っている天守である。

清兵衛の冤罪が晴れてからは、荒れ果てていた山家邸が片付けられ、小社が造られた。〝山家様〟と呼ばれ、領民の守り神として季節の産物、魚貝などが常に供えられた。

またその社は清兵衛とともに殺された幼い子供が、領民の子供たちの守り神であるとして、幼子を連れて詣る者が多かった。

承応二年（一六五三）清兵衛が殺されてから三十三年目、藩主は山家清兵衛を忠節の士であるとして、城山の北の桧皮山に社を新しく造り、山家清兵衛公頼の名から、山頼社、さらにその霊を慰めるため和霊と称し、山頼和霊神社と称した。

いまに残る和霊神社だが、そののち霊験殊に著しい、と評判で、常に参拝客の絶えることがなかった。

またこの社は南部地方の漁民の守り神ともされ、台風の鎮静も祈願され、毎年七月の大祭には、漁船が大挙して宇和島湾に来航した。

寛文年間に新しく造られた宇和島城天守閣は、そののちこの地方を襲う台風にもびくともせず、現在、日本に残る十二カ所の古い天守の一つとして健在である。山家清兵衛の霊が、この天守を守りつづけている、と伝えられている。

(3) 蛇に取り憑かれた〈加賀騒動〉の張本人——金沢城

二人扶持から大出世した美貌の武士

加賀藩前田家は、徳川時代、最も大身の大名でその石高百二万二千石、俗に加賀百万石といわれた。

藩祖は前田利家である。

利家は天文七年（一五三八）尾張国荒子城で生まれた。小豪族で織田家に属した。利家も幼時から織田信長に仕え、たびたびの戦功で天正九年（一五八一）には能登一国をもらった。四十三歳のときである。

天正十一年には、秀吉から加賀、能登、越中の三カ国、百十九万石の大守に任ぜられ、それまでの小丸山城から、尾山に入り城を新築して名を金沢と改めた。以降、金沢城は加賀百万石の城として前田氏の居城となった。

応仁の乱の頃、本願寺の上人蓮如が、はじめ吉崎というところに御坊を拓いた（一四七一年）が、のち尾山に移し、尾山御坊と称された。といっても戦国のことだから城構えであり、天正八年（一五八〇）になって一向宗徒の籠る尾山御坊は織田信長の命を受けた佐久間盛政の軍に攻められ、落城した。

尾山御坊と、のちの金沢城とではその構造も規模も異なるが、ともに浅野川と犀川が流れる小立野という台地に築かれた壮大な城であった。

加賀騒動は、徳川時代の大名家のお家騒動として有名だが、後世の芝居などでさらに知られるようになった。

事件は六代目吉徳、七代目宗辰のときに起こっている。

吉徳のとき、大槻伝蔵という者が家中にいた。

伝蔵は下級武士の生まれだったが、生来、英敏な上、美貌であった。

あるとき主君吉徳の目にとまり、近習になって才覚を現わし、吉徳の寵愛もあり、享保元年（一七一六）近習のとき、わずかに二人扶持金二両の奉禄が、二十年後の元文二年（一七三七）には千三百石組頭にまでなった。そして寛保三年（一七四三）には三千八百石の大身になったのである。

側室と密通し企てた主君毒殺

伝蔵を見出し信任した吉徳は、延享二年（一七四五）金沢で亡くなった。前田家は吉徳の子宗辰が継いだ。二十歳であった。

前田家中でその権勢まさに並ぶ者もないほどであった伝蔵は、若い宗辰にも取り入り、さらに吉徳の側室であったお貞の方に近づき、密通した。

お貞の方には勢之助という一子があり、かねがね前田家の当主にしたいと思っていた。彼女のほうもそのつもりがあったので、頼りになりそうな伝蔵と通じたのであった。

伝蔵は宗辰を廃嫡するため、連日のように酒宴を開いた。伝蔵と通じていた浅尾という腰元をそばに侍らせ、多くの美女を集め酒池肉林の宴に溺れさせ、政事から遠ざけた。

宗辰も若いから堅苦しい政治より、美女と美酒の宴のほうが楽しい。

いまや加賀百万石は、伝蔵の思いのままかと思われた。

しかし前田家の家来の中には、伝蔵の横暴を憎み、前田家のことを心配する忠臣もいた。

家老で前田家一族の前田土佐守は、信頼できる者を集め、密かに伝蔵やお貞の

今も残る金沢城・石川門菱櫓（ひしやぐら）

方の様子を探らせた。ただ権勢を振るう、というのみでなく、何か陰謀を企んでいると見たからである。

そのような前田土佐守の動きを知った伝蔵一派は、ついに宗辰を毒殺する企てに出た。

酒宴で、浅尾が手下の腰元に命じ、毒を盛ったのである。やはり伝蔵の一味である医師玄斎が、浅尾に毒を渡し、それを浅尾から受け取った腰元が台所から宴席に搬ぶ間に、銚子に毒を入れたのである。

血を吐きながら宗辰は死んだ。

前田土佐守は遅かったかと悔んだが、自分の邸に心ある重臣を集めると、宗辰を毒殺したのは伝蔵とお貞の方の企むところであり、お貞の方の一子、勢之助を前田家世嗣とし、お家を乗っ取るつもりであると告げ、証人として捕らえた医師玄斎を引き出した。

玄斎は土佐守の手の者に捕らえられ、責められた挙句、真相を白状したのであった。

伝蔵の権勢にいままで手を出せなかった重臣たちが結束して立ち、伝蔵とお貞の方、浅尾、その他一味ことごとく捕らえられた。

牢の中の伝蔵を殺した蝮（まむし）の正体

伝蔵と浅尾、そのほかの者は城内の牢に入れられた。

お貞の方は、前の領主の側室でもあったところから、城下の寺に幽閉（ゆうへい）された。

ところが伝蔵は厳しい調べに対して、知らぬ、存ぜぬでまったく白状しない。

浅尾も同様だったが、ほかの一味の者が責め苦に耐えかね、白状をはじめた。

そんなある日の朝、牢番が伝蔵の牢を見廻ると、伝蔵が悶死（もんし）していた。

そばに大きな蝮（まむし）がとぐろを巻いていたが、牢番が知らせに行った間にいなくなってしまった。

人々は毒殺された宗辰の怨霊が、蝮と化して伝蔵を殺したのであろうと噂した。

浅尾も伝蔵が死んだことを知ると、陰謀を白状した。見せしめに磔（はりつけ）にされたともいい、蛇（へび）責めにして殺されたともいう。

蛇責めというのは刑場に三尺（約一メートル）ほどの穴を掘り、罪人の女を入れ、すわらせる。そこに蛇を数十匹入れる。しばらくすると、あるいは数日すると、蛇が女陰から侵入して内臓を喰い破り、その苦しさに狂い死にするという残酷な刑で、罪人は女に限られた。

浅尾の死体はそのまま土をかけ埋められた。

お貞の方は、夜な夜な宗辰の怨霊に悩まされ、ついに狂死したといい、勢之助は斬り殺された。

前田家の家督は、宗辰の弟で、吉徳の二男であった重熙が継いだが、二十五歳で亡くなり、次に吉徳の四男重靖が家督を継いだが、わずか十九歳で亡くなった。人々は大槻伝蔵の怨念が、前田家に災いしているのではないかと噂した。

重靖は吉徳の四男、さらに次の重教は六男、そして治脩は八男、とつづいたが、これは宗辰の直系の子がなく、兄弟、すなわち吉徳の子供が多かったためだが、表面に現われない家督争いが絶えなかったこともある。

この前田家、加賀騒動には異説もある。

すなわち大槻伝蔵は、吉徳に見出され、過分な立身を主君に感謝し、お家大事につとめていた。

ところが、前田土佐守という前田家一門の者が、大槻伝蔵の異常な出世を妬み、また権勢を奪おうと、自分の手の者に主君を毒殺させ、伝蔵にその罪をきせ処刑した、というのである。

加賀藩の財政の豊かさを象徴するナマコ壁

いまやこの真相を調べるべくもない。

五十六回の火災に遭った金沢城

現在の金沢城は、城地こそ利家の頃と変わらないが、慶長七年（一六〇二）の落雷による火災発生で、五層天守はじめ多くの建物が焼失、そののち天守台には三層の櫓が建てられた。しかし幕末までに五十六回もの火災に遭い、創築の頃の建物はほとんどなくなってしまった。いまでは石川門、菱櫓、三十間長屋などを残し、城内は金沢大学の敷地になっている。

金沢城下に妙立寺という一寺があり、前田家三代の当主、利常の寛永二十年（一六四三）に創立された。いま残っている寺は修築だが外観四層、内部は七層になっていて、二十九の階段と二十三の部屋がある。忍者寺と呼ばれ、内部にドンデン返し、抜け穴、落とし穴、迷路、武者隠しなどなど、あらゆる仕掛けがある。

一説には金沢城からこの寺まで抜け穴があり、加賀騒動の頃、大槻伝蔵一味か、あるいは前田土佐守一派が談合のため使ったともいわれている。後世の付会かもしれないが、このような寺が実際にあることから、何か加賀騒動にも関係があったのではないかと思われる。

(4) 鍋島藩、もう一つの化け猫伝説——佐賀城

異国から来た青い目の猫

佐賀城の怪猫の話は、城にまつわる伝説の中でもとくに知られている。

これは「佐賀怪猫伝」とか「佐賀の夜桜」あるいは芝居の「嵯峨奥妖猫談」などであるが、佐賀城主鍋島家をはばかって話は適当に脚色されている。いくつか伝説として伝わる中に、次のような話がある。

佐賀藩、鍋島家の家臣、小森半太夫は殿様にとっては忠臣だが、男色（男の同性愛）の関係にもあった。昔もいまもある話だ。

したがって半太夫は、なかなか奥方をもらわなかった。

父は半太夫が家督を継ぐと間もなく亡くなり、やがて母も後を追うように死ぬ。ところが母が飼っていたらんという一匹の雌猫が残った。この猫、長崎勤番

の者が異国船の船長から譲り受けたもので、灰色の毛並みと青い目を持つ美しい猫だった。

　半太夫はこの異国の猫を嫌っていたので、母が死ぬとろくに餌（えさ）も与えなかった。家付きの老婆が台所で隠れて食物をやっていた。

　ところがある夜、半太夫が寝ていると、枕元に異国風の女が立っている。何を問うても答えないが、恨めしげである。なかなかの美形であり、異国風なところにも惹（ひ）かれて抱き寄せると、嫌がるふうもないので、床に入れた。

　翌朝、目を覚ますと、隣りに寝ていた女の姿はなく、らんの毛がふとんについていた。

　城に出仕するとき、珍しくらんが玄関に現われ、

「ミョウ」

と鳴いた。青い目が不気味に光った。

　それから半太夫はますます、らんが嫌いになったが、夜な夜な枕元には女が現われ、半太夫は憑（つ）かれたように女を抱いていた。

　そんな夜がつづいて、半太夫の体の具合いが悪くなり、痩せてきた。

　もともと半太夫は美青年なので、痩せるとますます凄艶（せいえん）になってきた。殿の寵（ちょう）

愛(あい)も一段と激しくなったので、昼夜の勤(つと)めでついに床についてしまった。

異例のことだが殿は、お忍びで側室のお政(まさ)の方をともなって、半太夫の屋敷に見舞った。

そのときお政の方は、らんを一目見ると気に入って、その猫を懇望(こんもう)した。

半太夫はもともと嫌いな猫だから承知すると、お政の方はらんを城に連れ帰った。

その夜から異国風の女はぱったりと現われなくなった。

喉(のど)もとを食い裂かれたお政(まさ)の方

ところがしばらくすると、城内で異変が起こりはじめた。

奥御殿の廊下を毎夜のように異国風の女が歩き廻るというのである。

三人一組の奥女中が、夜番に廻っていると、その女にバッタリと会った。不審の者、と長刀(なぎなた)で斬りつけると、手応えもなく消えてしまった。

らんは、お政の方に少しもなつかなかった。昼はただ寝ているだけで、夜になると姿が見えなかった。奥御殿の戸締まりは厳しく、猫の這(は)い出る隙(すき)もない。

らんは半太夫の屋敷に帰りたくて、夜な夜な廊下を歩き廻った。

怪猫伝説が語り継がれる佐賀城・鯱（しゃち）の門

人のいない部屋で灯りの油をらんが舐(な)めているのが見えたが、昼間の姿と違って耳が大きく、口が耳まで裂けている。

ある日、久し振りに半太夫が登城した。

殿は大いに喜んで、一室に入ると半太夫を寵愛した。

するとその部屋にらんが現われ、殿の足に咬(か)みついた。

刀を取ってらんに斬りつけると、刃がらんの額(ひたい)に傷をつけた。

「ギャオ」

と鳴くと、たちまち数倍の大きさの怪猫となって部屋から逃げ去った。そのあとに血溜まりができていた。

その夜、恐ろしいことが起こった。

お政の方の部屋で悲鳴が上がり、夜番の者が駆けつけると、お政の方が無惨にも喉(のど)もとを食い裂かれ、血の海の中でもがき死んでいた。奥女中二人も同様に食い殺されていた。

らんは化け猫となって何処(いずこ)ともなく逃げ去ったが、それからは毎夜のように城内に現われて奥女中に危害を加えた。

小森（こもり）家の墓に寄り添う〝猫塚〟

重臣たちもこの話を聞き、放ってもおけず伊藤早十郎（そうじゅうろう）という手利（き）きの者に命じて化け猫を退治することにした。

早十郎は若い頃、宮本武蔵（むさし）から剣の手ほどきを受けたという。

また、早十郎はすでに壮年を過ぎた年頃だったので、思慮深かった。

小森半太夫を囮（おとり）として御殿の一室に待たせた。そのそばには〝またたび〟をたくさん置いた。またたびは猫の大好物で、どのような猫もこれには弱く、食べると人間が酒に酔って腰をとられたようになる。

らんは異国種の猫だからはたして、またたびを好むかどうかいぶかったが、半太夫に質（たず）ねると、亡くなった母が時折り与えていたという。

らんは化け猫になったほどの猫、神通力のようなものを備え、容易に姿を現わさなかった。

しかし、ついにまたたびの魅力と、半太夫恋しさから、ある夜、御殿の一室に忍び寄った。

「ミョウ」

と鳴きながらまたたびを食べると、たちまち異国風の女の姿となり、半太夫にしなだれかかった。

半太夫は言われていたとおり女を抱くと、ふすまの陰に隠れていた早十郎が、えいっとばかりに飛び出し、女を一刀のもとに斬り捨てた。

たちまち怪猫に返ったらんは、深手ながら早十郎の喉笛を狙って飛びかかった。

早十郎は左手で脇差しを抜くとこれを払い、右手の大刀でらんの脳天目がけて斬り下ろした。

らんは脳天を割られてどっと倒れたが、振り下ろした早十郎の大刀が勢い余って半太夫の肩から胸部を斬り裂いてしまった。

半太夫は間もなく手当ての甲斐もなく息が絶えた。すると化け猫のらんが、もとの美猫の姿に戻ると、半太夫の死体に寄り添うように死んでいた。

半太夫は小森家の墓に入れられたが、嗣子（しし）がなかったので家は断絶した。

早十郎は、邪悪な化け猫になったとはいえ、人間の主人に横恋慕したらんの心情を哀れと思い、半太夫の墓のそばに、らんの死体を入れると小さい塚を立てた。それはのちに〝猫塚〟と呼ばれた。

化け猫の舞台になった佐賀城は、慶長（けいちょう）十二年（一六〇七）、鍋島直茂（なおしげ）が築いた城である。

鍋島氏はもともと奈良時代からの佐賀の国司、龍造寺家の家臣だったが、龍造寺政家が亡くなり、その子高房が家督を継いだとき、幼少だったので、鍋島直茂が後見となり、やがて実権を握ると、関ケ原の戦いののち、龍造寺氏に代わり領主となった。そのため佐賀城を新築したが、約六カ年の工事の末、本丸に五層の天守と壮麗な御殿、それと囲み二の丸、三の丸を配置する平城だった。

有名な佐賀の化け猫の話は、この鍋島氏が主家の龍造寺氏に取って代わったことから、その非道をなじって龍造寺家の奥方が飼っていた猫が、その恨みを受け継ぎ化け猫となって、鍋島家に祟るというものである。

いずれにしても、佐賀城内の御殿が舞台なのだが、佐賀城は現在、天守台石垣、鯱の門、堀、土塁などを残しているが、御殿のあったところはいまは歴史館になっている。

鍋島藩は化け猫で一躍有名になったが、藩政は続き、明治維新に至った。

5

この世にあらざる怪異の正体

——富山城・鳥取城・松本城・平戸(ひらど)城

(1) 愛妾を惨殺した佐々成政の武運――富山城

成政を激怒させた愛妾の不義密通

佐々成政が織田信長から富山城に封ぜられたのは天正七年（一五七九）のことである。

前年、越後の雄、上杉謙信が亡くなった。信長は直ちに成政を越中守護に命じ、富山に入れたのだが、成政にとってこの富山城に入封したのは運命的であった。

天正十年六月、信長が京は本能寺で明智光秀によって討たれた。そののちは機運をつかんだ羽柴秀吉の勢力が大いに伸びていた。

北国に在った成政は大いに面白くない。

成政は富山城内で、そのうっぷんを酒色でまぎらわせていた。

愛妾の早百合の方は、もと富山領内の領民の娘だったが、富山に入城し領内見廻りの折り、その美貌に惹かれた成政が側室として召し出した。成政の寵愛は半端でなく、ほとんど早百合の言いなりであった。

秀吉に先を越された口惜しさを、酒と早百合の美しさでまぎらわせていた。

天正十二年（一五八四）になって織田信雄から、秀吉を討つという密使が来た。徳川家康も加担するという。成政は大いに喜んだがそれも束の間、織田信雄は秀吉と和睦し、家康も浜松城に引き籠ってしまった。

成政はいまでなければ秀吉を討つときはないと決心し、十一月の寒中にもかかわらず立山連峰を越え、浜松に向かった。

史上知られた「沙沙羅峠越え」である。

このとき成政は、のちのため、と沙沙羅峠に莫大な黄金を隠したといわれ、黄金埋蔵伝説として現在に語り継がれている。

雪の峠越えで成政の一行が浜松に着いたのは、十二月半ば頃であった。

成政は秀吉討伐を家康に迫ったが、家康は、

「いまはその時期ではないと思う」

と言う。

ふたたび沙沙羅峠を越え富山に帰ったが、百人余りの従者が富山に帰り着いたとき六人になっていたという。一説に峠越えで疲労、凍死した者も多かったが、黄金の隠し場所を内密にするため、成政らが殺した者もあったともいう。

四肢を斬られ、榎に吊るされた早百合の方

ともあれ富山城に着いた成政は、奥方の出迎えを受けた。すると奥方は、

「側室の早百合どのが岡島金一郎と不義密通を働きました由、牢に入れておきました」

と言う。

成政は当然、烈火のごとく怒った。

岡島金一郎とは側近の者だが、『絵本太閤記』では竹沢熊四郎となっている。

しかし、一応はと城内の噂を調べたが、早百合に利がない。というのも早百合が美貌にもかかわらず気が強く、気に入らない者は遠ざけ、罪を犯した者は簡単に断罪した、などのことがたびたびあり、城内で、早百合を弁護する者がほとんどいなかったせいである。

早百合と岡島金一郎は牢から出され、庭に引き出された。

美貌の側室を惨殺した佐々成政(さっさなりまさ)の富山城

成政も気性の激しい戦国の武将、一刀のもとに金一郎の首を刎ねた。

その血しぶきが早百合の顔にもかかって、その美しい顔は凄惨さを増して見えた。

「早百合、よくも不義を働いてわしを裏切ったな、成敗してくれる。しかし、ひと思いには殺さぬ、苦しんで死ぬがよい」

「殿、なにとぞお聞きくださいませ、早百合はけっして不義などいたしておりませぬ、岡島さまとは用向きで一度お目にかかったのみ、侍女たちも同席いたしておりました。不義の噂は、奥方さまが、殿の私へのご寵愛を妬んでのこと、侍女たちの話をお聞きくださいませ」

「ええ言うな。侍女たちの話、信じられぬ」

と成政は金一郎の首を刎ねた血刀で、早百合の両耳と鼻を削ぎ落とした。

「血を止めておけ、殺すなよ、牢に入れておけ」

その翌日、早百合は片腕を落とされた。医者が血止めして出血で死なぬ手当てをする。舌を咬み切らないよう、くつわがかまされる。

翌日はさらに片腕、次の日は片足といった残酷な処刑が行なわれた。

それぞれの傷のあとは、筆舌に尽くしがたい苦痛をともなっていたにちがいない。

最期の日、体と頭だけになった早百合は庭の榎(えのき)に吊るされた。

すでに息も絶え絶えの早百合は、成政を睨みつけると、

「この怨み、きっと果たさでおくものか」

と言った。

それを聞いた成政は、槍で彼女の腹を刺し貫いた……。

三度も首を打ち直された、成政の切腹

それからのちの富山城には異変がつづいた。早百合が吊るされ、刺し殺された榎の下には、毎夜のように血だらけの怨霊が現われ、近づく者に祟った。

怨霊は成政の枕元や奥方の寝所にも現われた。

数日のうちに奥方は原因不明の熱病にかかり、ひどい苦しみの上、もがくように死んでいった。

早百合のことを悪(あ)しざまに告げ口した者たちも、事故死したり、大怪我を負った。

ある夜、成政の枕元に立った怨霊は、

「この怨み、果たさでおくものか。立山の山一帯に黒百合が咲くとき、必ず晴らしてみせようぞ」

と言ったのち、しばらくは成政の前から姿を消した。

天正十三年（一五八五）、秀吉は前田利家を先鋒として十万の大軍で越中征伐を行なった。阿尾城主の菊池武勝が逆いたためだが、佐々成政にも不穏の動きありとされ、富山城も包囲された。

成政ははじめ戦うつもりだったが、重臣たちの反対で、総攻撃を受ける前に降伏した。

秀吉は成政の封領を削り、新川一郡のみとしたが、富山城の居城は許した。

この年、立山に白百合に混じって黒百合がちらほら咲いたという。

減封された成政の枕元には久しぶりに早百合の怨霊が現われ、せせら笑った。

天正十五年、秀吉は九州征伐を終えると、佐々成政に肥後半国を与え、隈本城に入らせた。

一応は出世だが、これが成政の致命傷となった。

成政は年貢の取立てのため検地を厳しく行ない、領民、百姓を虐げ、土着の小領主たちに苛酷な治政を行なった。そのあまりのひどさに隈部親家が反乱の兵を挙げた。土着の領主たちも親家に応ずる者が多く、肥後は大乱になってしまった。

自分の手勢だけではどうにもならなくなった成政は、筑前の小早川隆景、筑後の立花宗茂などの援けを得て、やっと反乱を鎮めた。

秀吉は成政を肥後に封じるとき、

「この国は国人、領民ともに治政のむずかしいところゆえ、しばらくは検地など行なわず、年貢もゆるくせよ」

と言っておいた。

にもかかわらず成政が失敗したことを大いに憤り、処罪を行なうという噂が成政にも達した。

成政は安国寺恵瓊に執りなしを頼み、自らも謝罪のため上洛しようとした。が、摂津尼崎まで来たとき、上洛が許されず、蟄居を命ぜられた。

秀吉は、

「成政は先の小牧長久手の戦いのときには自分と戦い、また徳川家康を訪ね、ともに反旗を翻さんと計った。越中でも不穏な動きあり、富山城に籠った。しかし、信長公以来の旧情によって死を許し、また肥後半国の大守にまでしたところ、忠言を聞かず、国人の反乱を引き起こした。今の度の暴状は許せぬ」

と切腹を命じた。

成政が腹を切るとき、早百合の怨霊が突然現われたので、介錯の侍が大いに驚き、手もとが狂ったため、三度も首を打ち直し、成政の苦しみは大変なものであったという。

成政が早百合を惨殺して四年目のことで、早百合を殺したのと同じ日であった。

この年、立山には一面に黒百合が咲き乱れた。

(2) "兵糧攻め"で食人鬼と化した人々――鳥取城

鳥取城を"兵糧攻め"で落とした秀吉

城に籠城した者が、食糧が尽き果て、ついに人を食べたという話が、日本でも二、三ある。

その代表的なのが鳥取城攻めのときである。

天正八年（一五八〇）九月、羽柴秀吉（のちの豊臣秀吉）は三万の大軍を率いて鳥取城を攻めた。これは秀吉の主君である織田信長が中国の毛利氏を攻め、この地方も自分の領国にするための戦いで、その総大将を秀吉がつとめた。この中国攻めはすでに天正五年からはじまっていたが、毛利氏は中国地方の大大名でこれに味方する者も多く、秀吉は毛利方の城を一城、一城、確実に落として進んだ。

中でも毛利方の三木城攻めには、天正六年から天正八年まで二年間もかかった。

秀吉は三万の軍を持っていたが、正攻法による城攻めは味方の損害が大きい。そのため城を包囲して、城の食糧が尽きるのを待つ〝兵糧攻め〟という作戦をとった。

三木城を落城させるために二年もかかったため、秀吉は次の鳥取城攻めでは、事前に策を講じた。

まず若狭の商人に命じて若狭、丹後、但馬の米を大量に買い占めさせた。次に、鳥取城のある因幡の米をさらに高い値段で買い集めさせた。米の値段が異常に上がった。

鳥取城では、まだ秀吉が攻めてくるという確実な情報はつかんでいない。鳥取城の兵糧係の重臣も、あまりの値段の高さに、安くなってから、また買えばよいと判断して、商人の勧めで城の米倉の米をほとんど売ってしまった。このときの城主は山名豊国で、大金が入ったので喜んだ。

のちに秀吉は、豊国を有利な条件で講和に誘ったので、あまり戦意のない豊国は、降伏して城を出てしまった。しかし、城兵四千の兵たちは治まらず、名将の誉れの高かった吉川経家を毛利方から城主に迎え、戦いの用意をした。

鳥取城は鳥取平野の中にある標高二百六十三メートルの久松山に造られた山城で、山は天然の要害であり、山麓にも郭が造られ、防備は充分である。

飢餓状態から食人鬼と化した人々

しかし吉川経家が鳥取城に入城したとき、米倉を調べさせると、わずかばかりしかない。急いで米の買い集めを命じたが、もうほとんど手に入らなかった。

そのうちに秀吉の軍が到着し、久松山の東側帝釈山に本陣を置くと、三万の兵で鳥取城を囲んでしまった。城の周囲三里にわたって堀を掘り、土塁を築き、柵や塀をめぐらして完全な包囲網を造ってしまった。城の内と外を断ち切ってしまったので、米はおろか他の食糧もすべて城に搬入することはできなくなってしまった。

秀吉は城に対して井楼、櫓などを造り、見張りおよび鉄砲の射撃用とした。また毛利方の救援軍に備え、包囲軍の後方にも堀や土塁を築かせた。さらに鳥取沖の海上には、三百隻の軍船を浮かべ、海上からの敵方の補給、攻撃にも備えた。

このように万全の準備を行なった秀吉は、翌天正九年六月二十八日、鳥取城にはじめて総攻撃をかけた。弓、鉄砲、火矢など射かけたが、味方に損害の出るような攻め方ではない。

毛利からの援軍もやがて来たのだが、秀吉の軍が大軍であるのと、防備が厳重なので、小競(こぜ)り合い程度で鳥取城には近づくことさえできなかった。

このような状況で対戦がつづいたが、城内の食糧が尽きてきた。

一番大切な米がほとんどなかった上に、その他の食糧も開戦のときからすでに豊かではなかった。

城内はひどい飢餓(きが)地獄になった。

鳥取城内には侍、足軽(あしがる)ばかりでなく、城下の領民男女子供まで逃げ込んでいた。

食糧がまったく尽き、ついには死人の肉まで食べはじめた。やがては負傷者まで殺して食べた。

小瀬甫庵(おぜほあん)という人が書いた『太閤記(たいこうき)』に、次のような一文が見られる。

「爰(ここ)に哀(あわれ)を留(とどめ)しは、今度籠(こもり)ぬる男女共(なんによども)、頓(にわか)の事なるにより、十日二十日の糧(かて)のみ用意しければ、程(ほど)もなく餓(うえ)に望み、餓莩(がひょう)の者若干其数(そくばくそのかず)を知らず。柵際までよろぼ

有名な〝兵糧(ひょうろう)攻め〟で落城した鳥取城跡

い出、立ち帰る形勢、よろ〳〵よわ〳〵とし、たお（倒）れては立ち、たっては倒れ、帰りがとうぞ見えにける。実に絵にかける餓鬼の、真黒にやせ衰えたる男女数多よろぼい来つつ、もだえこがれ、ひらに引出し助けてたべよ〳〵、と呼り叫ぶ声、強に高くは聞（こ）えざれ共、何となく物悲しうぞ覚えたる。中にも苅田せし稲かぶをば、上食と思い、争いあいて、気を取失いし者もあり。後にはかようの物も事尽（き）て、牛馬をさし殺し食せしが、馬肉に酔て死るも有。年来ひぞうせし道具を持来て、是にかえてたべ候えよ〳〵、と、侘悲む体も亦哀なり。是全く民の為にして興す義兵にあらざれば、かようの報も、積りて、其行末いかゞあらんと、心有るは悔にけり。分ていと不便なるは、柵を乗越出んとせし餓鬼をば、鉄砲にてうち倒し侍るに、未死もやらで片息なる者を、男女こぞって、或小刀、或菜刀、或かま手々に持来て、続節をはなち、みとる事、恰屠者が牛馬の皮を剥に似たるが如し。佳味は首に有やらん、奪あい争う事甚し。云レ袷云レ恰哀なる事共、たとえんとするに物なし」

同じような話が太田和泉守牛一の筆になる『信長公記』（「しんちょうこうき」とも読む）にも『因幡民談記』にも見られる。

まさに生き地獄である。

城主の吉川経家はこの報告を受け、これ以上、城内の者を食人鬼とすることはできないと秀吉に降伏を申し出た。

吉川経家以下三人の者が切腹、それ以外はすべて助命するという条件で降伏が成立、鳥取城は四カ月の籠城ののち落城した。

因幡民話に残る「鳥取の渇殺し」

城内の者は、秀吉が設けた給食所に競うように行くと、うすい粥の接待を受けた。絶食していた者に急に固いものなど食べさせると、急死する者が出るという配慮からだったが、それでも急いで粥を食べた者に死んだ者が多かった。が心ある者は、ぬるい湯を少し飲み、やがて粥を少し食べた。

が、奇怪なことに、粥を食べて死んだ者の大部分は、人を食った者たちだった。

秀吉の軍が引き上げると、鳥取城は荒廃した。さすがに城内で死んだ者たちは、それぞれに葬られたが、城跡には悪臭が立ちこめ、いつまでも消えなかった。

鳥取城内ですべての人が人肉や脳みそを食べたわけではなかった。さすがに上級の武士たちではなく、下級の侍、足軽、領民などの中に食人者がいた。

さらに不思議なことが起こった。

鳥取城内で、死んでからにしろ、負傷した者が殺されてからにしろ、食べられた者の怨念が、すべてこの世に甦(よみがえ)り、生前の姿、すなわち死んだとき、殺される前の姿になって鳥取城跡から出て行った。

男も女も子供もいたが、彼らは自分を殺したり、食べたりした者を探し出すと、恐ろしい復讐をした。

食人者の枕元に夜な夜な立って、凄(すさ)まじい形相(ぎょうそう)で、恨(うら)み言を言った。

一カ月もつづくと、中には気が狂ったり、恐怖のあまり首を吊ったりする者もあった。

さらにそんな恐ろしさが一カ月ほどもつづくと、籠城のときの食人者の頭から角(つの)が二本、左右に生(は)えてきた。その角はだんだんに大きくなり、顔の形まで少しずつ変化し、さながら鬼のような顔になった。

その者たちが住んでいる近所では、鳥取城籠城のとき人を食ったという噂がどこからともなく流れ、近所の人たちは、

『絵本太閤記』に描かれた食人の図

「鳥取城の人殺し、食人鬼」

と一切の交際を断わってしまった。

食糧はいうまでもなく、日用のものまですべて売ってもらえなくなった。追い立てられる者も出てきた。

居たたまれず他所の土地に移ったが、食人鬼の噂はつねにつきまとっていた。

やがて食人者のすべてが、気が狂い、自ら命を断ってしまった。

食人鬼たちが死ぬと、その鬼の形相は元の顔立ちに戻ったという。

復讐を終えた怨念は、やがて鳥取城に帰って、それぞれの墓地に入った。

一人の高徳の僧がこの話を聞くと、鳥取城久松山をおとずれ、山中に一庵を結び、すべての死者の霊を弔った。

それ以降、変事は起こらなくなった。

やがて鳥取城には、宮部継潤が五万石で入城した。

継潤は荒れ果てていた城内を整備した。山丘の本丸は形どおり残したが、城の西面に新しく二の丸を造り、ここに住んだ。そして山上本丸に新しく一社を設け、さきの鳥取城攻めの敵味方の戦死者を弔った。

因幡民話の一つによれば、秀吉は位人身を極めた天下人になったが、そののち子供に恵まれず、また側室淀君にできた秀頼も、その実は秀吉の子ではなかったことなどを挙げ、鳥取城攻めのときの「鳥取の渇殺し」の祟りのせいだったという。

(3) 二百年間、傾いたままだった天守——松本城

明治まで修理されなかった天守

不思議なことだが、明治はじめに撮影された松本城天守の写真を見ると、確かに西方に大きく傾いている。

そしてこの天守の傾きについて、奇怪な怨念話が伝えられている。

松本城はその前身を深志城といった。

戦国時代のはじめ頃、信濃守護であった豪族小笠原氏が、松本の盆地の東に主城として林本城を築きここを本拠としたが、盆地の中央に家臣の坂西氏をして城を築かせた。これが深志城で、のち小笠原氏の一族島立氏がこの城に入った。

戦国初期の城だから天守などない、居館、望楼などの周辺に堀、土塁、柵などをめぐらせた程度のものであった。

天守が傾いている松本城（明治初期）

天文十九年（一五五〇）武田信玄の軍は、大軍で甲斐から信濃に侵入し、小笠原氏を追った。信玄は林本城を破棄すると、深志城をこの地方の中心として、重臣の馬場信春をここに置いた。

信玄の没後、その跡を継いだ勝頼は、はじめ武威を誇ったが、天正三年（一五七五）長篠の戦いで織田、徳川の連合軍に敗れたのち勢力が衰え、天正十年には天目山近くで戦死し、武田氏は滅びる。

深志城には木曽義昌が入ったが、信長が本能寺で倒れると、義昌は追われ、小笠原貞慶が深志城に入り、松本城と名を改め、城の大修築を行なった。

天正十八年（一五九〇）秀吉の小田原攻めののち、松本城には石川数正が八万石で入封した。

石川数正はもともと徳川家譜代の臣だったが、天正十二年に秀吉と家康が戦った小牧・長久手の戦いののち、主君家康と不和を生じ、秀吉の招きに応じ大坂に走った。

そのために家康は、数正がよく知っていた徳川勢の陣立て（作戦、軍の動かし方）をすべて変更せざるをえなかった。それだけ数正は徳川にとっては重要な位置にいた武将だった。

石川数正が徳川から豊臣に走ったことは、戦国の大きな謎の一つとなっている。

秀吉は関東、江戸の押さえの一つとして松本に数正を配したともいう。

めまぐるしく代わった城主

天正十九年から数正は、松本城の大改築にかかった。

元来、松本は平野の中の低地にあり、要害な地形ではない。したがって実戦的な城にするには、人工の工事で堀、石塁、土塁などを構え、城としての防御力を強化せねばならない。

数正は歴戦の将だから、充分に地形、地勢、戦(いくさ)の攻防を考えて城を改修した。

松本城にはじめて天守閣を造ったのは数正の計画で、五層六階の大天守と三層四階の小天守を渡櫓(わたりやぐら)で結ぶ様式のものであった。

しかし数正は文禄(ぶんろく)元年（一五九二）に没し、慶長(けいちょう)二年（一五九七）頃完成した天守は見ていない。息子の康長(やすなが)の代に天守はじめ城郭が完成している。

石川数正、康長父子の松本城改修で、城の規模は、本丸、二の丸、三の丸、その他の郭(くるわ)、合わせて総面積は十二万坪（約四十万平方メートル）、本丸はその廻りに堀をめぐらし、石塁、土塁で囲った。大小天守の他、多くの櫓(やぐら)が建てられ、大手門を構え、二の丸大手門には枡(ます)形の太鼓(たいこ)門、三の丸には五つの城門を造った。そのために松本城は、近世大名の居城としての威容を持つに至ったのだが、城の防備性としては、平野の低い部分にあり、八万石の大名としての規模の城にすぎなかった。築城に当たっては、財力上、土木工事にも限界があったから、大坂城、江戸城、名古屋城などのような金城湯池(きんじょうとうち)といった難攻不落の城ではなく、戦略的には一大名の城であった。

慶長十八年（一六一三）、石川康長(やすなが)は、城下町の改修工事が徳川幕府の咎(とが)めるところとなって、封鎖没収の上、豊後佐伯(ぶんごさえき)に配流(はいる)される。

改修工事はそれほどのものではなかったので、康長の処置は、父・数正が徳川の家臣でありながら豊臣に走ったことから、その息子も冷視された結果であった。

こののち松本城の城主はめまぐるしく代わる。小笠原氏、戸田(とだ)氏、松平(まつだいら)氏、堀田(ほった)氏、水野(みずの)氏、戸田氏、そして明治維新のときは戸田氏六万石だった。

藩の圧政に直訴、断罪された農民たち

ところで事件が起こるのは、水野氏三代目の城主、忠直のとき、貞享三年(一六八六)である。

忠直が水野家の家督を継いだとき十七歳で、まだ若いため重臣、家老たちが藩政を行ない、その間の権力争いも激しかった。

天和三年(一六八三)、このときは当主の忠直ももう三十二歳になっていたが、長い間の家臣たちの勝手な藩政で、家中、領内は乱れ、疲弊していた。

そのとき、領内は大凶作に見舞われた。

藩内は凶作でも年貢の取立ては厳しかった。藩財政が苦しく、年貢を容赦しなかったので百姓は飢餓状態になり、実際に飢え死にする者も出た。

この惨状に領内、中萱村の庄屋、多田加助という者が、近郷の百姓二千人とともに松本城下に押しかけ、年貢の軽減を藩役所に願い出た。放っておけば餓死者が続出するため、背に腹は替えられぬ直訴であった。

直訴は法度の掟になっていたが、藩でも餓死者の話は聞いていたので、重臣が会議を開いた。老臣の一人土方縫殿之助という者が百姓を見殺しにはできない、と説いたので、一応はわずかながら年貢を減ずることで収まった。

しかし年が改まった貞享元年、藩議は一変して、減租を提唱した縫殿之助は、藩の財政を危うくする者として閉門を命じられ、多田加助もまた庄屋の役を免ぜられ蟄居の処分となった。

しかしさらに凶作はつづき、河水の氾濫、悪疫の流行などもあって農民はますます疲労困憊し、飢饉の中で藩は財政の逼迫を理由に、さらに年貢の取立てを厳しくした。

年貢米は、籾米一俵を三斗に仕上げて納めていたものを三斗五升納めとしたので、一俵につき五升の増税となる新しい命令を出したのである。

そうでなくても飢え死にする者さえ出ていたのである。まさに泣き面に蜂であった。ついに農民は多田加助を主領としてふたたび二千人ほどの百姓が集まると、松本城下に出て直訴した。

このとき藩主の水野忠直は江戸に居て留守だったが、重臣が集まって相談した。

百姓一揆は重罪だが、藩としてはこれを起こされ、幕府に知れると無事にはすまない。

そこで一応は百姓たちの言い分をある程度聞き入れ、一揆を治めた。

昭和二十五年に発掘された多数の白骨

　しかし強硬派の重臣たちは、多田加助はじめ首謀者など十七人を直訴の罪で捕らえ、貞享三年（一六八六）十一月、松本城下で処刑してしまった。その上、減税を取消しにしてしまった。

　処刑に当たって加助は、

「わしらを殺したとて怨念は城の天守にとどまって祟りつづけようぞ。その証拠に、いま一念で天守を傾けさせて見せようぞ」

　と言うと天守を睨みつけた。

　すると天守はギシギシと無気味な音を立てながら西に傾き、いまにも倒壊せんばかりであった。

　そののち、いくら天守の傾きを大工たちが直しても、またすぐに傾いた。そのため、祟りを恐れた侍たちは天守に登ろうとはしなかった。

　加助の怨念は天守のみでなく、自分たちを騙し、さらに殺した重臣と家族に祟り、変死する者、不祥事に遭うものが続出した。

　さらに水野家の当主にも祟り、享保十年（一七二五）十月、水野忠恒のとき江戸城内で刃傷沙汰を起こしたのも、加助の亡霊を見たせいと伝えられる。忠恒は改易となった。

昭和二十五年（一九五〇）、松本市内丸ノ内中学の工事で十七体の白骨が発見された。いろいろ取り沙汰されたが、この地で処刑された加助ほか十六名の白骨であろうということになり、塚が立てられた。

水野家ののち松本城に入った戸田氏は、加助の話を聞いて、天守の傾きを直さず、そのままにして明治に至ったという。

確かに明治初年の写真では、天守は西に傾いている。これはそののちの解体修理までつづいた。

修理のとき天守が傾いていたのは、西側の心柱が老朽し、荷重を支えきれなくなっていたことが判明した。

しかし人々は「加助騒動」という藩政時代の百姓の苦しみと、飢餓、圧政を伝える物語から、天守が西に傾斜したのは、農民の苦しみが怨念となり凝固した結果だと信じている。

〝烏城（からすじょう）〟とも呼ばれる松本城（現在）

(4) 炎の中に浮かぶ白衣の老人——平戸（ひらど）城

秀吉の朝鮮出兵に駆り出された松浦（まつら）氏

日（ひ）の岳（たけ）山上に構築中であった城の建物が炎上し、その凄（すさ）まじい火勢を平戸（ひらど）の海に映していた。

城下の町に住む人たちはひどく脅（おび）えた。城主・松浦鎮信（しげのぶ）が自ら城に火を放ったとの噂が拡まったからである。

鎮信の気が触れたのではないか、と町の人は思った。

城は一日中、燃えつづけた。

城の火が山に燃え移るのではと心配されたが、幸いにも山火事にはならなかった。木組（きぐみ）までできていた天守の建物はすでに焼け落ちていた。慶長（けいちょう）七年（一六〇二）のことと伝えられている。

だが、この話には奇怪な伝説がある。

松浦氏はもともと嵯峨天皇から出た嵯峨源氏の末裔である。源頼光の一族、渡辺綱の孫、渡辺久が、正暦年間（九九〇〜九九四）北九州肥前に下り、松浦郡に住み松浦姓を名乗った。この一族が松浦党といわれ、俗に〝松浦四十八党〟と呼ばれるほどになった。

はじめ筒井に館があったが、やがてそれぞれに城を持った。水軍が主力だったから海岸の海城が多かった。

平戸島、日の岳に城を築いたのは、下松浦の棟梁であった松浦法印鎮信である。

鎮信は天文十八年（一五四九）に生まれた。

天正十五年（一五八七）豊臣秀吉の九州征伐のときは、秀吉に従い、父・隆信とともに水軍をもって島津氏を攻めたので、領国は安堵（領地をそのまま受け継ぐこと）された。

文禄元年（一五九二）、朝鮮の役にはその子・久信とともに出征した。

文禄二年、明国は朝鮮を救援するため兵を出したが、その数、百万と称せられた。このとき松浦鎮信は、小西行長の軍とともに平壌にあったが、百万の軍とまともに戦ったのでは勝ち目はまったくないので、京城（いまのソウル）まで退き上げ、宇喜多秀家、黒田長政、吉川廣家、小早川隆景、立花宗茂らの軍と合流し、明軍と戦うことになった。

息子・久信の突然の死

朝鮮出兵そのものが、太閤秀吉の晩年の愚挙だが、出兵を命ぜられた諸将は戦わざるをえない。

平壌から京城に退くとき、松浦鎮信は心ならずも焦土戦術をとる。すなわち明の大軍の進攻を遅らせるため、平壌から京城にいたる街道すべての村や町を焼き払ったのである。

その途中、一つの村に宿営したが、土民の襲撃を警戒して、番兵、見張りを立てた。

はたしてその夜、平壌から松浦軍のあとを追って来た朝鮮軍と土民の襲撃があり、激戦の末、敵は退いたが、戦死した者のなかに、鎮信が可愛がっていた小姓の杉谷湧三郎がいた。そのほか、側近の者に死者が出た。

城主・松浦鎮信(まつらしげのぶ)が火をかけたといわれる平戸(ひらど)城

鎮信は大いに怒り、宿営した村の中に、手引きした者があると考え、老人女子供を除き、数人の村の男たちを一つの家に入れると、火を掛けて焼き殺すことにした。

そのとき一人の老人が進み出ると、自分と息子は親一人、子一人の間柄である。息子に死なれては生きる望みもない。息子の身代わりに自分は殺されてもいいから、どうぞ息子は助けてもらいたいと懇願した。

鎮信も、内心は少し哀れに思ったが、自分の部下たちが殺された憤りはおさまらない。老人の願いを退けると息子とともに家の中に閉じこめ、家に火をつけさせた。

炎上する家の中から、老人は呪いの言葉を鎮信に吐きかけた。

「お前の家も焼ける、お前の息子も死ぬ」

といった意味のことだった。

京城に退き上げた鎮信は、本隊と合流して明兵を待った。

激しい大会戦が行なわれ、明軍は敗れたので講和が結ばれた。

慶長三年（一五九八）、太閤秀吉の死によって、朝鮮に出兵していた諸将は、苦戦しながら退き上げた。鎮信、久信父子も、水軍の迎えで松浦に帰ったが、兵の数は三分の一ほどになっていた。

慶長五年の関ケ原の戦いでは、松浦鎮信は徳川家康に味方したため、戦後、壱岐国を加え、平戸に六万三千石を安堵される。

手狭になった城を、新しく対岸の亀岡山に移し新築することになったのは慶長七年はじめのことだが、城の縄張りを任せていた久信が八月二十九日、突然急死した。三十二歳である。

炎に照らされた白衣の老人

久信の死は不自然だったので、鎮信は調べはじめた。

すると久信の奥方の侍女に、新規に召しかかえた者がいたことがわかった。名をお朝といい、美女だったため、久信の目にとまり、寵愛していた。久信はお朝を、やがては側室にするつもりであったという。

ところが、久信はこのお朝を侍らして催した酒宴中に急死した。毒殺の疑いもある。その上、久信の死後、お朝は姿を消してしまった。行方を探したがすでにわからなかった。

奥方付きの侍女の話によれば、お朝はあるとき歌を久信に聞かせたが、どうもそれは朝鮮の唄らしかったという。

鎮信はふと朝鮮の役での、彼我ともに殺戮に明け暮れた日々を想い起こしたが、すでに過ぎ去った出来事であった。

久信を失った鎮信の悲しみは大きかった。

平壌から京城への退き上げの途中の村で、老人が、

「お前の息子も死ぬ」

と言った言葉を思い出したが、豪気な鎮信はまさかと打ち消した。

建設中の城に怪火が起こりはじめたのは、その直後であった。

やがて不思議な風聞が城下でささやかれた。朝鮮ふうの白衣をまとった怪人が城の建物に火をつけて廻る、というのである。

番人がその怪人を捕らえようとしても、忽然と姿が消えるという。

鎮信はある夜、自ら建築中の天守の中に泊まった。

その夜から怪火は起こらなくなった。

鎮信はなおも天守のそばに仮小屋を造らせ、泊まっていた。ある夜、奥方からの使いがあり、山を下って居館に帰ると、奥方はそのような使いは出しませぬという。

鎮信がはっと思い山上を見ると、城の建物が燃えていた。

その炎に照らし出されて、白衣の人物が浮かび上がっていた。

鎮信にはそれがあの老人にも、若い女にも見えた。

慶長七年、構築中の平戸城建造物炎上は、鎮信が息子・久信の死を嘆き、火をかけたと伝えられている。

鎮信は慶長十九年（一六一四）、平戸の白狐山の隠居所で亡くなった。六十六歳であった。

そののち法印鎮信からは四代のちの、第二十九代、天祥鎮信のときの元禄十六年（一七〇三）、とくに幕府に願い出て平戸城を築城した。

山鹿流築城術によったという城は、天祥鎮信の子、雄香棟のとき、宝永四年（一七〇七）に完成した。のちに亀岡城と称した。

そののちは怪火は起こらず、明治維新を迎えたが、現在は山上に天守、櫓などが復興されている。

祥伝社黄金文庫

日本の城の謎〈伝説編〉

令和2年2月20日　初版第1刷発行

著　者　井上宗和

発行者　辻 浩明

発行所　祥伝社

〒101－8701
東京都千代田区神田神保町3－3
電話　03（3265）2084（編集部）
電話　03（3265）2081（販売部）
電話　03（3265）3622（業務部）
http://www.shodensha.co.jp/

印刷所　堀内印刷

製本所　ナショナル製本

　ISBN978-4-396-31777-5 C0126

祥伝社黄金文庫

井上宗和
日本の城の謎　築城編
秀吉が城攻めの天才と呼ばれる所以、名城にある人柱（ひとばしら）伝説……名将たちの人間ドラマ。

井上宗和
日本の城の謎　攻防編
江戸城が世界最大の城といわれる理由、なぜ清正（きよまさ）は鉄壁の石垣を築いたのか……武将の攻防の裏面史。

井上慶雪
本能寺の変　88の謎
実証史学に裏付けされた、陰謀の謎の数々。今、ここで白日の下に晒され、新たな歴史が始まる！

井上慶雪
本能寺の変　秀吉の陰謀
明智軍が本能寺に着いた時、すでに……。秀吉が信長を裏切り、光秀に濡れ衣を着せた理由は？　衝撃の書。

井上慶雪
本能寺の変　生きていた光秀
豊臣家を殲滅せよ！　秀吉の奸計に嵌められたあの名将が復讐のために手を組んだ人物とは？

奈良本辰也
高野　澄
日本史の旅　京都の謎
これまでの京都伝説をひっくり返す、アッと驚く秘密の数々……。有名な名所旧跡にはこんなにも謎があった！